焼物・あしらい 便利帳

森本泰宏

本書の出版のお話を頂いた時、はたして私自身に出来るだろうか？という思いが第一でした。しかし私の師である中西彬先生の後押しもあり、「有馬古泉閣」の伝統たるものを駆使して、出来上がりました。

調理技法としてみると、“焼く”という手法は、一見原始的、単純なものですが、ただ焼いて食べるのでは料理として成り立たず、その食材をどのように下処理し、庖丁し、調味し、どう焼くのか、または盛り付け、あしらいはどう添えるのか、季節季節に応じた味の調和を考えなければなりません。

料理の献立における焼物は、色々な要素から見ましても、花形で要となる物だと思います。熱効率のうえでも、素材の持ち味を生かすうえで、もっとも適しているといえるでしょう。

この本では、先人の方々がやってこられたこと（先人の方々に残して頂いた伝統、手法、しきたり）を重んじ、細工焼きや技巧に走った料理は極力せず、素材の真味を生かすように、料理をさせて頂いたつもりです。

日本の長い伝統を踏まえ、相性のよしあしを考え、古来より継承されてきた料理法を深く研究して、日々素材と向き合い、最高の味を料《はか》り理《おさ》めたいと思います。日本料理の真味、滋味を引き立て、無理なく、自然に調味をし、素材が持つ味の頂点を見極められるよう、日々、料理人として精進していく所存でございます。

何分、まだまだ未熟な故、柴田書店の高松様、カメラマンの越田様には、約２年にわたり大変お世話になりました。

また数多くの器を提供していただきました、陶器はまじま様、ささや陶器店様、出版に多大なる理解と協力をいただいた㈱有馬古泉閣と調理部の若い衆に深く感謝しますとともに、あらためまして、御礼申し上げます。

有馬古泉閣　森本泰宏

目次● 焼物・あしらい便利帳

下処理について

魚

肉

野菜・茸

加工品

本書を使うにあたって

●料理は「魚」、貝やエビ、イカなどを含む「貝・甲殻類ほか」、「肉」、「野菜・茸」、豆腐などの「加工品」の５つに分類しています。各章の扉には料理を探す際の助けとなるように、掲載する各ジャンルの素材の五十音順索引をつけました。またこれとは別に、作り方を解説しているあしらいについては、巻末に素材別索引をつけました。

●焼物は加熱機器の火力や、熱源が下火か上火かでも仕上がりが大きく変化します。味つけも使用する味噌の銘柄など、調味料で変わってきます。本書での仕立て方や分量は、あくまでも目安としていただき、日々料理する中で、設備なども考慮し、加減してください。

●調味料として使われている「赤酒」は熊本県特産、「黒酒」は鹿児島県特産の、木灰を添加して仕込む古式醸造法の日本酒のことです。

●ただ「出汁」と表記しているものは、昆布とかつお節で一番出汁をとった後、その出汁がらに水、酒を加え、15分煮た二番だしを指します。

●大豆の出汁やスッポンのスープ、豚の角煮などの作り方については、姉妹編の「煮物 炊合せ便利帳」をご参照ください。

●献立名には「○○和へ（あえ）」といった古来からの表記のほか、「千社唐（ちしゃとう）」や「初神正賀（はじかみしょうが）」といった慣用やおめでたい当て字も使用しています。

撮影／越田悟全
装丁・レイアウト／田島弘行
DTP／秋葉正紀事務所
編集／高松幸治・丸田 祐・吉田直人

調理協力／有馬温泉古泉閣　兵庫県神戸市北区有馬町1455 - 1
tel 078-904-0731
器協力／陶器はまじま　愛知県名古屋市名東区平和が丘４ - 113
tel 052-776-2080
ささや陶器店　大阪府大阪市中央区道頓堀２ - 1 - 5
tel 06-6211-1481

下処理について

串の打ち方

素材の姿形を上品に、美味しそうに焼くには、金串に刺し、焼くことが重要である。

材料の形や大きさに合った適切な処理をすることが、焼く基本となるが、串の打ち方にも豊富な種類がある。火加減にしても、素材の身質や料理法など、目的に応じた焼き方にしなければならない。

一般に焼物は、"強火の遠火"で焼くと言われるが、あまり焦がさず、短時間で焼くのがよい。素焼きなど、火が通りにくい素材などは、火力を調整し、強火ではあるが、急激ではなく焼ける程度に加減する。火と素材の距離も、素材の大きさ、厚み、身質を考え、火力を調整する。

その際に、すみやかに火に近づけたり遠ざけたりすることができるよう、素材をしっかり固定し持ち運びやすくするのも、串打ちの目的の一つである。

また火の面に対し素材が垂直に向き、火から素材の距離にばらつきが生じないように素材に対して水平に並ぶように串を打つ。串が手元に向かって近づくように（若干末広がりになるように）し、切り身に余計な力がかからないようにする。

用いる串は素材に合わせて太さの異なるものを数種類用意し、先端はやすりにかけてよく尖らせ、さびないように乾燥させておく。

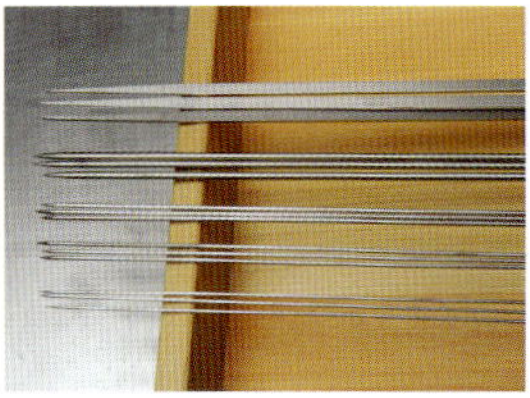

平串

もっとも基本的な打ち方。素材に垂直に左右２～３本、ほぼ並行に串を通す。魚の切り身の繊維の流れに対して直角に、身の厚さの真ん中に通す。上火の場合、盛り付ける際に裏側になるほうから焼き始める。これは次に表側を焼く際に、油が下に回って汚れやすいため。

＊盛り付けの時の姿を考えて、素材に丸みを少し持たせて串を打つこともある。これを「曲げ串」という。

扇串

平串の要領で、素材の数ヵ所に等間隔に串を打ち、手元で１ヵ所で集まるようにする。素材が安定し、無理な負荷がかからず、片手で串を持ち作業しやすい。

＊さく取りしたカツオや、小魚、ウナギ、アスパラガス、生麸など、大きくて長さのある素材に用いる際には、二、三本づつ左右に分けて二つの扇形にまとめて串を打ち、両手で串を持つ「両手返し」にする。

両褄《づま》折串

縦に身の繊維の流れに沿って身を端から内側に巻き込み、串を打つ技法。身の薄い部分を折ることで厚みを均等にし、焼き上がりの食感のパサつきを抑える。

＊三枚に卸した際の魚の上身が薄くて切り身にしにくいものや、器に盛った際に見栄えがよくするために用いる。中に巻き込んだ身がふんわりと焼き上げるように火を入れる。

片褄折串

片方の端だけを巻き込んで串を打つ技法。両褄折串と同様に、身の長さに応じて器との調和を考えて串を打つ。

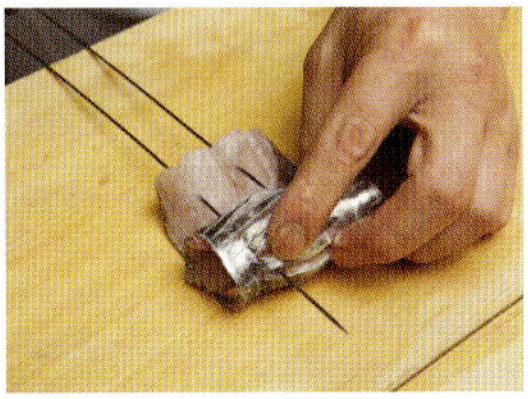

縫い串

大きく平たいもの、また火を通すと身が反るような素材に、裏側から縫うようにして串を打つ技法。適当な本数の串を縫い打ちしたら、横に添え串を通し、反りかえるのを防ぐようにする。

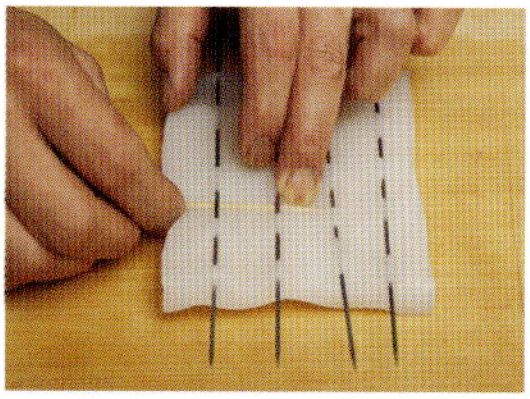

与《よ》串（四本串）

身を縦にして、並行に４本串を打つ技法。骨切りしたハモの身のように、つぶれやすいものに対して行なう。串を打つ時は、素材を指で押さえず、串の先などを用いて表面をつぶさないようにする。一気に突き通さず、刺しては戻すのを繰り返して少しずつ通していく。

＊皮目の方を焼く際に丸まるので、横添え串を通しておく。

波串

　サケやマナガツオなど、身の厚さが均等で幅が長い切り身に用いる技法。盛り付けた時に波型になるよう、山と谷をつけて串打ちする。焼きむらができないように、火の面に対して山側と谷側の高さを揃えて並行に打つ。

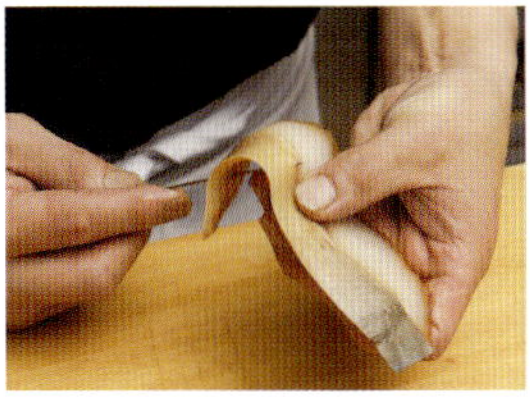
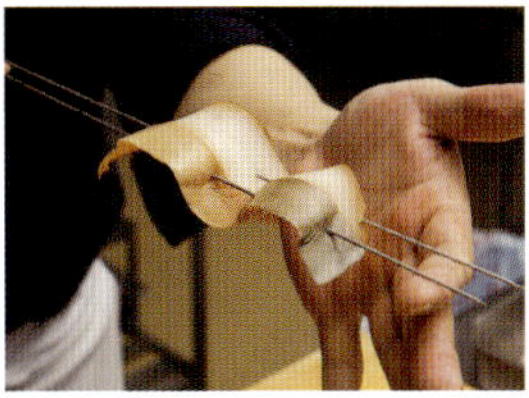

鯧瓦焼

零余子けし揚

①マナガツオを水洗いし、三枚におろす。うす塩をあてて、しばらく置く。
②醤油麹をたまり醤油で作り、そこに先のマナガツオを片身ごと2日間漬ける。
③切り出して、照らし気味に包丁し、波串を打つ。ちょうど瓦のように身を形作り、焼く。

【あしらい】
①ムカゴを水とともに擂り鉢に入れ、こすり洗う。流水で汚れを洗い、立て塩に漬ける。
②柔らかく蒸した後、打ち粉をし、卵白をくぐらせる。ケシの実をつけて、170℃の油で揚げる。
③軽くふり塩をして、松葉に刺してあしらう。

登り串・踊り串

鮎やヒガイ、ヤマメ、モロコなどの川魚などを、あたかも泳いでいるかのように躍動感をつけて串を打つ技法。魚が川を登って泳ぐ勢いのある姿に似せて、身をうねらせて打ち、尾が跳ね上がった形にする。

登り串

目の脇から串を刺し、ヒレの下でいったん体の外に突き通し、再度背骨にからむように打つ。最後に尾を上に曲げて、盛りつけたときの面を上にして、尾が上に向くようにする。

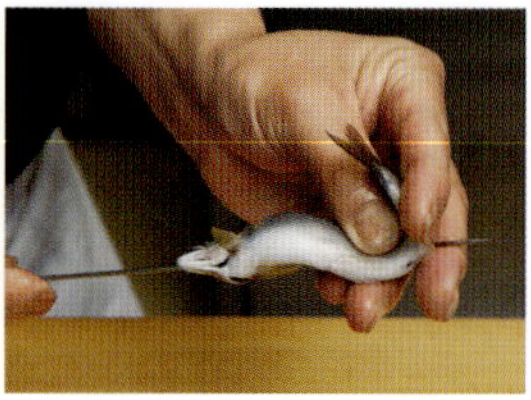

踊り串

最後に尾を下に向けたままにして突き通す。(右写真の下)

横串の通し方

〆の鮎などに串打ちする際は、腹に負担がかかって割れないように、ゆったりとした姿の踊り串にし、横添えの棒も腹ではなく尾のほうに通す(写真右)。

鮎塩焼

枝豆うるか和へ
蛇籠蓮根
擂り蓼

①活けアユに登り串（踊り串）を打ち、ふり塩をして焼き上げる。頭のほうを火に近づくよう焼き方を調整し、香ばしく仕上げる。

【あしらい】

①エダマメをゆで、二度むきし、アユの白子ウルカで和える。

②レンコンを桂むきし、筒状にして揚げる。中に①を射込み、盛り付ける。

③タデの葉をむしり、塩、御飯を入れて擂り鉢ですり合わせる。裏ごしして、酢で味をととのえ、アユにあしらう。

蕨串

サヨリなどの細長い素材や、イカなどに用いる技法。端から２分の１程度巻き込み、軸の部分を少しうねらせて、端をはねるようにワラビの形を作り、串打ちする。

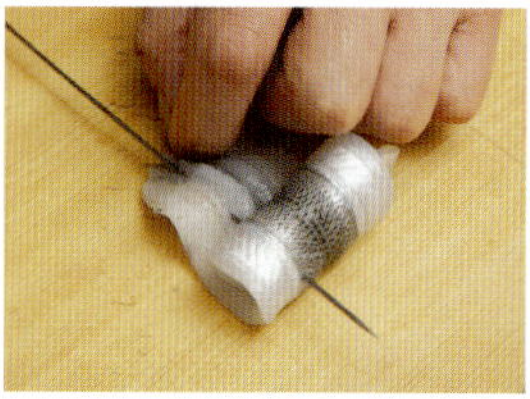

針魚蕨焼

紫のちり麹和へ

①サヨリを水洗いし、頭を落とし、腹開きとする。背ビレ、腹ビレを抜き取り、開き身とする。尾を落とし、うす塩を当てておく。

②ワラビ状に串を打ち、酒をふりかけながら焼き上げる。

③巻き曲げた部分に卵黄をぬって蝋焼きする。細かくした青ノリをふりかけ、さっと炙る。

●青ノリを焦がさないように注意する。

④串を抜き、包丁し、切り口を見せて盛り付ける。

●口取りや八寸などに用いる。

【あしらい】

①灰汁抜きしたワラビ(古語で「紫のちり」)をもどした麹と白味噌を混ぜた床に直漬けする。盛り付ける前に叩木ノ芽を和える。

巻き串

タチウオやサヨリなど、巻きつけられる長さのある細長い素材に用いる技法。断面が丸い形の串では巻きつけてもすべってゆるんでしまうので、平らな串を使用する。

太刀魚巻焼

染め卸し

①細めのタチウオを三枚に卸し、上身とし、うす塩をあてて、断面が平らな形の平串に巻きつける。

②ふり塩をして、焼く。

千鳥串

ゴリやハゼなどの小魚を、千鳥が飛ぶ姿のように“つ”の字に曲げてまとめて串を打つ技法。

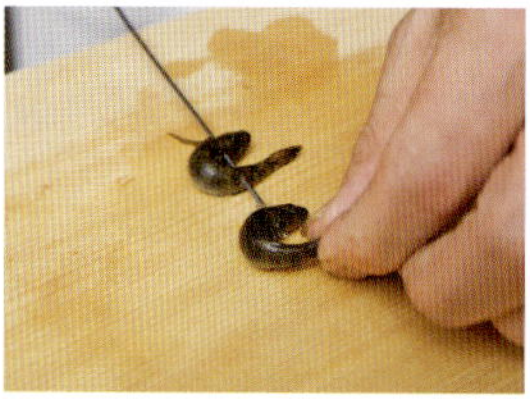

石伏魚諸味焼

実山椒味噌漬
酢蓮根

①ゴリの頭と尾を曲げてエラの部分から串を突き通す。同じように何尾かまとめて打ち、串先をダイコンに刺して安定させる。

●大きめのゴリの場合は、あらかじめ内臓を除いてもよい。

②九分《ぶ》くらい両面を下焼きする。三割だれに諸味味噌を加え、煮切り酒で加減したたれを2～3回、かけ焼きする。

【あしらい】

①実ザンショウを色出しし、アク抜きしたものを味噌漬けにする。

②レンコンの皮をむき、酢水に漬ける。鍋に湯を沸かし、酢を落として、ゆがいた後、岡上げする。甘酢（生酢1升、砂糖1kg、塩100g、昆布30g）に漬ける。

挟み串

素材を重ねたり、交互に並べ揃え、美しい層にするために行なう。直接串を刺すと崩れてしまうので、両端に置いたダイコン（アルミホイルで包んでもよい）に串を渡して素材を並べ、その上に串を渡して挟み、しっかりと固定してから焼く。直接串が打てない素材で、かけ焼きする時などにも使用する。

鰻玄米餅味噌だれ焼

月山竹味噌漬炙り

①ウナギの蒲焼、玄米餅を交互に並べ、挟み串をする。
②鰻だれに白味噌を加えたたれを2～3回かけて焼き上げる。花山椒をふりかける。
●串をはずすときに形崩れしないように気をつける。

【あしらい】
①月山竹（ネマガリダケ）を茹で、皮をむき、味噌漬けにしたものを軽く直火であぶる。

重ね湯葉南禅寺焼

干芋茎唐煮

①引き上げユバを広げて打ち粉をする。
②木綿豆腐を裏漉ししたものを、擂り鉢ですり、米粉、ツクネイモを豆腐の半量くらい加える。塩でうす味をつけ、よくすり合わせる。
③②を①のユバに薄く平らに盛り、打ち粉をしたユバを重ねる。これを繰り返し、10層くらい重なったらしばらく置いて落ち着かせる。
④挟み串をして両面から焼き上げる。
⑤煮切り酒4、ミリン1・5、淡口醤油1、絹ごし豆腐ピューレを合わせ、その中にニンジン、ゴボウのみじん切りの下煮をしたもの、三ツ葉を混ぜ合わせる。このたれをかけながら焼き上げる。

【あしらい】

①干ズイキをぬるま湯に漬け、一晩おく。よくもみ洗いして、にごりが出なくなるまで洗う。
②鍋に入れ、ダイコン卸し、タカノツメ、水を入れ、落し蓋をしてゆがく。適度に歯ごたえが出たら、金ザルにあけ、岡上げして冷ます。
③水にさらし、ダイコン卸しを洗い流し、よく絞る。一度空蒸しして水分を飛ばす。
④鍋に入れ、ミリン3、たまり醤油1、酒1、水飴適量を加え、3日かけて詰め煮にし、黒く仕上げる。

下味のつけ方

焼きながら素材にかけたり塗ったりする焼きだれに対し、あらかじめ漬け込んで味をつけるのに使うのが漬け地である。味噌や粕のような柔らかい固体に漬ける場合は床漬けとなる。また田楽味噌のように最後に調味した味噌を塗る場合もある。

床漬けの場合に、パイレッシュに味噌を敷いてガーゼをかぶせ、その上に塩をあてた素材を置き、さらにガーゼをかぶせてその上から味噌を塗り、漬けおくことを「関所漬け」という。こうすると漬けた後、素材を取り出しやすい。これに対して直接漬けることを「どぶ漬け」という。どぶ漬けの方が味の加減はよいが、地をふき取らないと焦げてしまう。

焼きだれや漬け地全般に言えることだが、割合はあくまでも目安であり、料理のプロセスや時季、味の調和などを考えて加減が必要である。

各種たれ

1 三割だれ

濃口醤油　1
味醂　1
酒　1

以上の材料を合わせて煮切る。淡口醤油（写真右。この場合は0.5）で仕立ててもよい。

＊魚の焼き骨などを加えて変化をつける。好みで砂糖を加える。

2 筍・鱧などのたれ

だし　7
酒　1
ミリン　1
淡口醤油　0.5
濃口醤油　0.5

三割だれに出汁を加えたもの。淡い色に仕上げるとき、下煮しておいたタケノコや白焼した鱧を木の芽焼にする場合などに用いる。

3 照りだれ（げばだれ）

濃口醤油　0.7
溜まり醤油　0.3
味醂　1
酒　1
ざらめ　適量

以上の材料を合わせて煮切る。

4 沖だれ

濃口醤油　5
味醂　2
酒　3
　または
濃口醤油　1
赤酒　1
酒　2

以上の材料に焼き骨を入れて、煮切る。

＊三割だれ同様、焼き物全般に向く。

5 鳥だれ（なんばたれ）

濃口醤油　3.5
赤酒　5.5
酒　1
焼いた白ネギ　5本

以上の材料を合わせて1割煮詰める。

＊白ネギは濃口醤油と赤酒を足して4リットルに対する本数。

6 鰻だれ

濃口醤油　4.5升
淡口醤油　1.5升
赤酒　3升
味醂　6升
砂糖　900g
鰻の焼き骨　適量

以上の材料（鰻の骨は頭も焼いて入れる）を合わせてアルコールを煮切る。砂糖の量は甘さをみて加減する。

7 川魚だれ

三割だれを淡口醤油で作る。または、鰻だれでもよい。好みで使う。

8 鱒木の芽焼きだれ

沖だれに砂糖適量を加える。または、赤酒6.5、淡口醤油3.5を合わせて煮切り、冷ましたのち卵黄を溶き入れる。

9 肝だれ

三割だれに酒1を足して、素材の肝の裏漉し（または刃叩きしたもの）を適量足す。

＊または沖だれでもよい。

10 若狭地

酒　5～6（加減する）
出汁　1
味醂　1
淡口醤油　1～1.5

以上の材料を生合わせする。

11 酒盗地

鰹酒盗　250g
酒　1升
生酢　5mlほど
濃口醤油　5mlほど

調味料は酒盗の塩分によって加減する。合わせて火にかけ、アルコールをとばして漉す。鍋に移し、薄葛を引いて少しとろみをつけて冷ます。

＊石焼に使う場合は、この地にオリーブ油を少し足す。

12 三割味噌だれ

味醂　6
酒　4
濃口醤油
（または溜まり醤油）1
白味噌　1

以上の材料を生合わせする。

＊フライパンを使った照り焼に使う。麩、肉、精進物などには煮詰めて味を決める。白味噌でとろみがつき、照りよく仕上がる。醤油または砂糖を加減して調整する。

13 柚庵地

濃口醤油　1
赤酒　　　1

以上の材料を生合わせする。漬けて時間をおく時は、煮切り酒1～3を加える。季節によりユズの輪切りを入れる。（14、15も同様）

＊通常は味醂だが、赤酒を使うと身質を締めず、あっさりと仕上がる。

14 白柚庵地

淡口醤油　1
赤酒　　　1
酒　　　　1～3

15 味噌柚庵地

煮切り酒　6
煮切り味醂　3
濃口醤油　　1
淡口醤油　　1
白粗味噌　　2

＊酒は煮切らず、好みで生合わせにしてもよい。

漬け床

16 味噌床

白粗味噌を煮切り酒、赤酒でのばす。

＊甘酒でのばすと、風味よく仕上がる。
＊味噌漬した魚を床から上げて、蒸して火を入れておき、表面だけ炙るように焼くと、大量に焼く場合、均等に焼き上がり、身も柔らかく仕上がる。
＊漬ける素材は心もち、塩をきつめにあてる。塩をあてた身は玉酒で洗う。

17 甘酒

麹　200g
おかゆ（米1合に水500mlの割合で炊き、50℃くらいに冷ましておく）

以上の材料を合わせて8時間くらい50～60℃で保温する。

＊湯冷ましや、ぬるま湯で固さを調整する。
＊手軽に、土地土地に伝わる市販の甘酒を使用してもよい。

18 戻し麹

麹　1
ぬるま湯　1

麹とぬるま湯を合わせ、4～5時間50～60℃で保温する。

むっくりと戻ったら、ザルに上げて地をきり、冷ます。ザルから滴った地は、固さを調整するのに使う。取り置いて調味料として使ってもよい。

＊麹はデリケートなので清潔な容器で仕込む。

田楽味噌ほか

24 田楽味噌・白

白味噌　1kg
砂糖　125g
酒　180ml
味醂　180ml
卵黄　10個

以上の材料を合わせて木杓子で湯煎にかけながら練り、裏漉しする。(25も同様)

＊砂糖は味噌の塩加減により加減する。木の芽味噌、蓬味噌、梅味噌など、味に変化をつけて使う。

25 田楽味噌・赤

八丁味噌　1kg
砂糖　650g
酒　180ml
味醂　180ml
卵黄　10個

＊砂糖は味噌の塩加減により加減する。

26 焚味噌

白味噌に酒を加えて火にかけ、練り戻したもの。

27 南蛮味噌

白粗味噌　1.6kg
田舎味噌　400g
砂糖　100g
味醂　360ml
濃口醤油　72ml
卵黄　5個
あたり胡麻　100g
タマネギ（すりおろし裏漉しする）　2個分

19 練麹（醸し漬）

麹　100g
煮切り酒　500ml
塩　20～25g

以上の材料を合わせて4時間くらい保温したのち、冷ます。

20 塩麹

麹　200g
塩　50～60g
湯冷まし　200ml

以上の材料を合わせて常温で保存する。
約1～2週間おき、仕上がったら冷蔵庫で保存する。

＊塩は加減する。好みで黒酒やレモンなどを加えてもよい。

21 醤油麹

麹　1
濃口醤油　1

以上の材料を50℃くらいを目安に3時間程度保温する。または、途中よくかき混ぜながら常温で1週間くらいおく。

＊煮切り酒、煮切り味醂などで、味を加減する。

22 粕床

板粕を湯冷ましで柔らかく戻し、白味噌少量で味をととのえる。

23 味醂粕（奈良粕）

粕床を煮切り味醂、濃口醤油で調整する。

その他の地

31 煎り酒

煮切り酒　3升　　味醂　5合
濃口醤油　2.5合　　淡口醤油　2.5合
梅干し　30個　　昆布　80g
鰹節　60g

酒と梅干し、昆布、鰹節を合わせてじっくりと煮出す。煮詰まる分を計算して、火を入れ終えた時に2升になるようにする。調味料を加える。

32 煎り出汁

出汁　5　　濃口醤油　1
味醂　1　　鰹節　適量

以上を合わせて追い鰹する。

33 酒八方

出汁　6　　酒　1
塩　適量

以上を合わせて、かくしで味醂を加える。

34 酒塩八方

出汁　3　　酒　1
塩　適量　　昆布適量

以上を合わせる。

35 八方出汁（旨出汁八方）

出汁　8　　酒　1
淡口醤油　1　　味醂　1
鰹節　適量

以上を合わせて、追鰹する。

すべてを混ぜ合わせ、鍋に入れて火にかけ、木杓子でほどよい固さになるまで弱火で練る。

＊この味噌をベースにし、ネギやショウガ、ニンニクなどを合わせ、変わり味噌とする。

28 玉子の素

卵黄　1個
サラダ油　60ml

ボウルに卵黄を入れ、サラダ油を徐々に加えて泡立て器でマヨネーズ状になるまで混ぜる。

＊具材のつなぎなど、コク出しに使う。

29 びしょ玉

卵の割りほぐしを鍋に入れ、塩、砂糖少量で下味をつける。中火にかけて木杓子で底からかき混ぜ、半熟状態までもっていく。途中で火からはずし、濡れ布巾の上に鍋底をあてて冷ます。冷ます間にも余熱が入っていくのも計算して加減し、均等に火を入れる。

＊冷めたら下煮した人参や木耳、牛蒡などを混ぜ合わせて使う。また絞り豆腐の裏漉しを混ぜるとけんちん地の種となる。

30 伝宝地

卵　1
裏漉し豆腐　1
出汁　1

合わせて好みの味つけをし、具材とともに素焼きの器に流し入れ、オーブンで焼く。

魚

白魚このわた香り焼

十六島海苔素揚

①シラウオを立て塩に10分ほど浸ける。水気をきり、細い竹串で串打ちする。

●「筏串」という串打ち方法。頭を上にして持ち、エラの下あたりに突き刺し、10尾くらいを揃えながら、串刺しする。

②このわたを刃叩きし、煮切り酒で少しゆるめ、濃口醤油と酢を数滴落とした浸け地にシラウオを串に刺したまま浸ける。

③焜炉で炙りながらすすめる。

［あしらい］

ウップルイノリを適宜な大きさにちぎり、素揚げし、軽くふり塩する。

白魚重ね焼

むしり木ノ芽

①シラウオの大きいものを選び、塩水でよく洗い、汚れをとる。裏漉しに上げて水気をきり、8匹位をめどにし、浅草海苔をかぶせ、塩をふる。海苔の上に卵白を塗り、またその上に海苔とシラウオの合せたものをのせ、合計3段に重ねる。

②天板に油を引き、海苔とシラウオの合せたものをのせ、天火焼する。

③頭と尾を切り落とし、包丁して、器に盛り、むしり木ノ芽を散らす。

白魚筏焼

蕗雪洞和へ

①シラウオを立て塩に10分ほど浸ける。それを引き上げ、細竹串で筏状に目刺して、陰干しする。天板に並べ、焼く。
②卵黄を酒で少しゆるめたものを塗り、炙っては乾かす。2回程塗り、むらなく仕上げる。青海苔を鍋で空煎りし、擂り鉢ですり、ふるいにかけたものを、一文字にふりかける。頭と尾を切り落とす。

［あしらい］
①フキは適当な長さに切り揃え、塩で板ずりする。銅鍋におこした炭を入れ、フキを入れてて色よくゆがく。冷水にとり、芯までしっかりと冷ましてから上下から皮をむき、さらした後、粕漬する。
②脂肪の少ない真白な魚の身（コチ、タラなど）を上身にし、皮をひき、適宜に切って、生のまま水に晒す。のち、パイレッシュに入れ、空蒸しする。
③身をほぐして再び水に晒し、水を何度も取り替える。布巾に包み、水気を絞る。二枚鍋で水気がなくなり、焦げ目がつかないように煎る。薄い塩味をつけて仕上げる。
●二枚鍋で煎るとき、布巾で鍋肌についたぼんぼりは、焦げないように適宜拭き取る。鍋を回しながら、割箸5～6本でかき回すが、かき回しすぎて粉にしないように気をつける。でき上がったぼんぼりを手のひらに乗せ、息をかけ、タンポポの羽毛のように軽く散るくらいに仕上げる。
④蕗をぼんぼりで和える。

甘鯛味噌漬

赤蕪酢漬　大徳寺納豆

①白アマダイを水洗いし、三枚におろし、上身にする。適当な大きさの切り身にし、塩をあてる。それを味醂で洗い、水気をきる。
②白粗味噌を甘酒でのばし、床を作り、アマダイを関所漬けする。平串を打ち、あがりにミリンを塗り、焼き上げる。

[あしらい]
①赤カブをスライスし、塩をあてて重石をしておく。水気をきり、昆布を敷き、カブを並べて重ね、甘酢を注ぎ漬ける。タカノツメを入れる。
②大徳寺納豆を松葉に刺す。

甘鯛桜香焼

こごみ味噌浸し　桜葉素揚

①アマダイを水洗いし、三枚におろし、上身とする。適宜な大きさの切り身にし、薄塩をあてる。
②若狭地に桜の花の塩漬けを浸しておき、香りを移す。この時、淡口醤油の量を加減する。
③アマダイに串を打ち、先の地をかけながら、焼き上げる。

[あしらい]
①コゴミを炭酸塩水に浸した後、銅鍋で色よくゆがき、冷水にとり、水気をしっかりときる。煮切り酒でのばした白玉味噌に漬ける。
②桜の葉を素揚げし、ふり塩して添える。

甘鯛酒焼

楤芽味噌漬

①700〜800gくらいの赤アマダイを用意する。

②背開きにしたアマダイに塩をあて身を締める。1日おく。

●脂の乗り具合により塩の量を加減する。

③適宜な大きさの切り身にする。皮目を下にして、出刃包丁で切り出す。

●姿のまま串を末広に打ち、焼き上げてもよい。

④平串を打ち、身の方から天火のオーブンで焼く。七分《ぶ》位焼き上げ、皮目を上にして数時間ねかせる。その時、酢を酒で割ったものを刷毛で塗る。

●酢を塗るのは皮がはぜるのを防ぐため。ただし塗りすぎると皮が固くなってしまう。

⑤再度身を上にして焼く。

⑥裏返して皮目を上にし酒を刷毛で塗り、焼き加減を見ながら、ウロコが膨らみ、適度な焼き色がつくように焼き上げる。

●提供後、食べ終わった骨に熱燗を注ぎ、すすめる。

[あしらい]

①タラノメは色よく茹でて味噌漬けにする。

甘鯛塩焼

蕗の薹　山独活素揚　木ノ芽餡

①アマダイの切り身に薄塩をあて、締めておく。串を打ち、酒を吹きかけながら、香ばしく焼く。
②アマダイの中骨、アラを霜降りし、そうじする。バットに昆布を敷き、アラ、中骨を並べ、酒蒸しする。
③蒸し地を漉して鍋に入れ、一番出汁で割り、味を整え、薄葛を引いて餡にする。

[あしらい]

①山ウド、フキノトウは、素揚げし添える。

鯛腹かま塩焼

肝木ノ芽焼　葉牛蒡浸し　花片生姜　酢立

①タイを水洗いし、頭を落とし、腹カマを切り出す。串を打ち、ふり塩して焼く。

●腹カマは脂肪が多いので味が良い。

②タイの肝を取り出し、針打ちし、薄塩をあてる。水に晒し、水気をきって細串を打ち、タレ焼きし、木ノ芽をまぶす。

[あしらい]

①葉ゴボウの茎の皮肌をふきんで拭き洗う。銅鍋で色よく湯をして、冷水にとり、さらす。酒八方に漬ける。
②花びらにむいたショウガを霜降りし、甘酢に漬ける。

鯛共白子焼

筍木ノ芽酢和へ

①タイを三枚におろし、上身とする。背肩の味の淡い部位を切身にする。酒塩に漬け、臭みをとる。

②皮から骨切りの要領で包丁を入れる。皮目を上にして串を打ち、沖タレに焼いた鯛の骨を入れ、煮詰めて漉す。

③鯛の白子をそうじし、薄塩をあてておき、水にさらす。バットに昆布を敷き、白子をおき、酒蒸しする。

④③の蒸地を漉した地に、粗目に切った白子を混ぜ、タレに合わせる。地焼きした後、そのタレを3回かけ、白子をまとわせるようにして、焼く。器に盛りタレをかける。

●皮目から身に包丁目を入れることでよくからむ。タイは焼きすぎると身がしまるので注意する。

[あしらい]

①タケノコを下ゆでし、適当に切り出し、含め煮にする。八方酢（出汁8、淡口醤油1.5、味醂1、米酢3、さし昆布）に漬ける。叩木ノ芽で和える。

鰆柚庵焼

干しめじ卸し和へ

①切り身にしたサワラに薄塩をあてる。水気を拭き取り、柚庵地（ユズの輪切りを入れる）に漬ける。

●時間をおく場合は、酒を足す。

②串を打ち、火入れして漉した漬地を2～3回かけ、焼き上げる。

[あしらい]

①干シメジをぬるま湯で戻し、下煮する。ダイコンおろしにユズ酢、醤油を落とし、干シメジを和える。

鰆塩焼

磯卸しトロロ　酢取防風

①サワラを水洗いし、三枚におろし、上身にする。腹身の油ののったところを用いる。

②適当な大きさの切り身にし、ふり塩しておく。串を打ち、酒をふりかけながら、焼き上げる。

[あしらい]

①ツクネイモのおろしとろろに、ダイコンおろしを混ぜ、レモン汁、塩で味を整え、アオサ海苔を合わせる。

②軸ボウフウを寸切りし、霜降りして、甘酢に漬ける。

鰆蕗味噌焼

楤芽香煎揚　黒豆豆花照焼　花片百合根

①サワラを水洗いし、三枚におろし、上身にする。切り身にし、串を打ち、裏塩する。強火で地焼きにする。

●裏塩するのは、表側に塩をふると水分が出て、味噌がのりにくくなるため。

②フキノトウを銅鍋で色よく茹で、水にさらす。灰汁が程よく抜けたら、水気を絞り、刻む。

③鍋に油をひき、②のフキノトウを入れ、軽く炒めて白玉味噌を加えて練り合わせる。これを、サワラに塗り焼く。

[あしらい]

①タラノメをそうじし、打粉をして、卵白にくぐらせ、柿の種（煎餅）の砕いたものをつけ、油で揚げる。

②黒豆のおからを水漉しし、水きりする。餅粉と上新粉を合わせ入れ、小判形に形を整え、蒸す。これをフライパンで焼き、三割味噌ダレで照焼きする。

鰆木ノ芽焼

絹皮筍梅肉和へ

①サワラを水洗いし、三枚におろし、上身にする。片身のまま、薄塩をあてる。水気を拭き取り、1時間程柚庵地に漬ける。

●切り身で漬ける場合は時間を調整する。また鮮度により塩加減、漬ける時間、地の割合いを加減する。

②切り身にし、串を打ち、焼き上げる。火入れをして、漉した漬地をタレにしてかけ焼きする。器に盛り、むしり木ノ芽をまぶす。

[あしらい]

①タケノコの絹皮を刻み、下煮したものを、梅肉（梅肉にユリ根の裏漉し、煮切り味醂、淡口醤油で加減する）で和える。

鰆麹漬

蕨粕山葵和へ

①サワラを水洗いし、三枚におろし、上身にする。さく取りし、切り身にして少し強めの塩をあてる。

②黒酒で洗って塩を洗い流し、戻し麹に白味噌を合わせた麹床にどぶ漬けする。串を打ち、中火でしっとり焼き上げる。あがりに黒酒（または味醂）を塗る。

[あしらい]

①ワラビを灰汁抜きした後、色だしして水気をきる。酒粕に白味噌、茎ワサビを合わせ、淡口醤油で加減した中に、ワラビを漬ける。

鱒木ノ芽焼

筍田楽　花山椒味塩煮

①マスを三枚におろし、上身にし、切り身にする。
②串を打ち、地焼きをし、鰻ダレで3回かけ焼きする。叩木ノ芽をふりかける。
●地焼きをしっかりし、焼目をつけてからタレをかける。ただし中心まで火を入れすぎないように。

［あしらい］
①下茹でしたタケノコの穂先を包丁し、串を打ち、焼く。白玉味噌に桜花を混ぜ合わせ、タケノコに塗って焼く。
②花ザンショウを一晩、みょうばん塩水に漬ける。銅鍋で色よくさっとゆがき、冷水にとり、さらす。ザルにあげ、1〜2時間陰干しする。鍋に酒、塩、味醂を合わせ入れ、花ザンショウを入れて軽く煮詰め、地からあげて岡上げして急冷する。

鱒塩焼

刻み茗荷酢漬　うでじか衣揚　レモン汁

①マスを三枚におろし、切り身にする。皮目に包丁目を入れ、串を打ち、塩をふる。
②近火で中心が半生状態になる位に焼く。酒をふりかけながら焼き、あがりに再度軽く塩をふり、塩目を立てる。
③器にレモン汁を一刷毛塗り、焼き上げたマスを盛る。
●マスではなく器にレモン汁を塗るのは、皮目の食感を活かすため。

[あしらい]
①棒ミョウガを斜めに刻み、霜降りし、甘酢に漬ける。
②うでじか（ハナウド）を薄衣で揚げ、ふり塩する。

鱒甘漬

蕗の薹田楽　蕗葉

①マスを水洗いし、三枚におろし、上身にする。皮をひき、強めにふり塩する。
②柔らかめに炊いた御飯に、黒酒、練麹を入れ、混ぜて冷ます。この中に、切り身にしたマスを3日位漬ける。
③片棲串を打ち、丸みをつける。中火で焼く。あがりに味醂を塗る。

[あしらい]
①フキノトウを油で揚げ、赤甘味噌を挟む。フキノトウのまわりの葉をむしり、陰干しして、油で揚げる。

油目卸し焼

こし油浸し　花山椒白仙揚

①アブラメを水洗いし、三枚におろし、腹骨をすき取り、薄塩する。皮目に縦に包丁目を2筋入れ、身側から骨切りする。
②ダイコンを目の細かい卸し金でおろし、軽く水気をきる。若狭地に混ぜ、串打ちしたアブラメに2、3回かけながら焼く。
●ダイコンの水分を考えて、若狭地の濃さを加減する。

[あしらい]
①コシアブラのガクを取り、十文字に包丁を入れ、銅鍋で色よくゆがき、酒八方に漬ける。
②上新粉7、コーンスターチ3の衣で花ザンショウを揚げる。

油目酒焼

焼一寸豆　絹生姜

①アブラメを水洗いし、カマ付きで三枚におろし、腹骨をすき取る。皮目より骨切りし、酒塩に漬ける。
②片褄串を打ち、酒をかけながら焼く。

[あしらい]
①一寸豆は鬼皮、薄皮をむき、油通しして直火で炙り、塩をふる。
②ショウガを針に打ち、水に晒して水気をきり、油で揚げる。

油目木ノ芽焼

さんご独活

①アブラメを水洗いし、三枚におろし、上身とする。身の方から骨切りし、骨切りした身と身の間に少し間隔を開けて串を打つ。

②身のほうから八分《ぶ》程度焼き、焼き目をつけてから沖ダレを3回かけて焼き上げ、むしり木ノ芽をふる。

●皮目をあまり焼きすぎないこと。

［あしらい］

①ヤマウドの皮肌をよく洗い、霜降りして岡上げし、塩をふり、甘酢に漬ける。

●霜降りする時、湯にビールを少し入れると歯触わりがよくなる。

鯵塩麹レモン漬

姫トマト金山寺焼　レモン皮

①アジを水洗いし、三枚におろす。

②塩麹にレモン皮と共に1晩漬け、両褄折串にて焼く。

［あしらい］

①トマトは湯むきし、玉子の素を加えた金山寺味噌を天にかけ、焼く。

●塩麹の塩分量により漬ける時間を変える。塩麹の量は漬ける素材の1割程度でよい。

鯵南蛮味噌焼

糸葱　糸唐辛子　はじかみ

①アジを水洗いし、三枚におろし、上身とする。腹骨、中骨を取り、薄塩する。
②白柚庵地に1時間程漬け、地をきる。両妻折串を打ち、天火で焼く。南蛮味噌をアジに塗り、焼き上げる。
[あしらい]
①ハジカミは根をむき揃え、寸切りし、さっと色出しする。岡上げし、ふり塩をし、冷ましておく。甘酢に漬ける。
②天に芽ネギ、白髪ネギ、糸トウガラシを盛る。

鯵酢〆焼

とろろ昆布　田舎膾

①アジを三枚におろし、上身とする。強塩をあて、一晩置く。酒塩で塩抜きし、水気を拭き取り、割酢（米酢6、水4）に昆布をさし、3～4時間漬け、生寿司を作る。
②包丁し、串を打ち、焼く。あがりにとろろ昆布をのせ、炙る。
[あしらい]
①干ダイコンを戻し、戻し汁をとりおく。ニンジンを千切りし、立て塩に昆布をさし、漬ける。
②干ダイコン、ニンジンを合わせ、干ダイコンの戻し汁と酢、醤油、煮切り味醂で味を整える。

穴子白樺焼

煎大豆　山葵　もみ海苔　割醤油

①アナゴを開き、白焼きにする。
②鍋に煎大豆出汁、酒を注ぎ一度蒸す。
③天火にて鍋ごと焼き、仕上げる。
④出汁2、濃口醤油1の割醤油を添える。

穴子梅香味焼

焼万願寺唐辛子浸し　赤胡椒　揚大葉

①アナゴを塩でぬめりを取り、一枚に開き、酒塩で洗う。
②タマネギをすりおろし、辛味を抜くため鍋で煎りつけ、梅肉、味醂少々で味を整える。
③一夜干しにして半生に干した①のアナゴを包丁し、串を打ち、焼く。②の香味おろしをかけて焼く。

[あしらい]

①万願寺トウガラシに油を塗って焼き、種を取り去り、酒八方に漬ける。適当に切り出し、割醤油（出汁4、濃口醤油1）で洗ってから盛る。
②大葉ジソを細切りし、素揚げする。

穴子一杯醤油焼

焼茄子　卸し芋　揚牛蒡　温泉玉子　山葵

①活のアナゴを、塩でぬめりを取り水洗いし、目打ちをして裂く。頭付きのまま串を打つ。1本目は頭に刺し、2本目は中央に、3本目は尾側に打ち、間に4本目、5本目と串を打つ。

●串は身の中央よりやや皮目に打つ。

②身の方より焼きはじめ、両面とも八割方焼けたら酒1、濃口醤油1を合わせた一杯醤油を2回程かけ焼き上げる。

［あしらい］

①ナスの皮目に筋包丁を入れ、縦に菜箸で穴を開け、うてなを回し切りして取る。塩ずりして、直火で焼く。冷水にとり、皮をむき、抜き板に取り水気をきる。八方出汁に二度漬けする。

②ツクネイモの皮を厚めにむき、一晩水に晒し灰汁抜きする。擂り鉢ですりおろし、よくすり、力《りき》を出す。塩、淡口醤油少々で味を整える。

③ゴボウを笹がきし、素揚げする。

④温泉玉子の卵黄を味噌漬けする。

⑤おろし山葵を天盛りし、形よく盛る。

熟成伊佐木油焼

貝汁　白髪葱　糸唐辛子　芽三ツ葉　ふり柚子

①熟成イサキ（瀬戸内直送の一本釣りの1．5kgのイサキから内臓を取り出し、氷〆にして氷温で1週間熟成させたもの）を水洗いし、三枚におろし、骨を抜き、上身にする。薄塩をあてておく。
②適当に切り出し、串を打ち、焼く。途中2〜3回サラダ油をかけながら、皮目をパリッと焼き上げる。
③アサリを洗って鍋に入れ、昆布をさして酒を入れ、酒蒸しにする。
④漉した出汁を、塩、淡口醤油で味を整えて貝汁を作る。
⑤②のイサキを器に盛り、貝汁を張って白髪ネギ、針トウガラシ、三ツ葉を盛り、ふりユズをする。

熟成伊佐木塩焼

共白子醤油焼　南京酢漬　酢立

①熟成イサキを水洗いし、三枚におろし上身とする。適当な大きさの切り身にし、薄塩をあて、身を締める。
②串を打ち、酒を吹きかけながら焼き、あがりに軽く塩目が立つようにふり塩する。

［あしらい］
①イサキの白子に、塩をあて、水に晒し、水気をきる。小麦粉をまぶしつけ、フライパンに油を引き、一杯醤油でからめ焼く。
②カボチャ（コリンキー）の皮をむき、節に切り、薄切りにする。立て塩に昆布をさし、1時間漬ける。固絞りし、甘酢に漬ける。

伊佐木香梅焼

夏豆寄揚　つまみ蓮根

①イサキの切り身に薄塩をあて、串を打ち、地焼きする。

②八分《ぶ》焼き上げたら、梅肉の裏漉し、卵黄を合わせ、塗りつけて焼き上げる。味醂を塗って艶出しする。

[あしらい]

①エダマメを茹で、二度むきする。適量を取り、打ち粉をし、天婦羅衣を少量加え、寄せ揚げにする。素塩をふる。

②新レンコンの皮をむき、酢水に漬ける。極薄にスライスし、水に晒す。

③鍋に湯を沸かし、酢を入れ、②のレンコンを入れて霜降りする。岡上げし、塩をふり、冷ます。甘酢に漬ける。適量とり、つまみ盛る。

鰻伝宝焼

笹掻き牛蒡　百合根　三ツ葉

①ウナギの蒲焼を用意する。絹漉し豆腐1、卵1、出汁1を合わせ、味醂、塩、淡口醤油で加減して味を整え、伝宝地を作る。

②笹がきゴボウ、かきユリ根、ウナギを器に入れ、伝宝地を流し、アルミホイルをかぶせて天火で焼く。

●オーブンでも可。２００℃、10分程焼く。

③火が入ったらアルミホイルをはずし、焼き目をつけ、銀餡をかける。

鰻挟み焼

加茂茄子　山葵卸し

①ウナギを裂き、白焼きにする。
②加茂ナスをウナギの大きさに合わせて包丁し、挟み串を打つ。
③かけダレ（煮切り酒3、濃口醤油1、煮切り味醂0.3）を合わせ、3回かけ焼きして焼き上げる。

［あしらい］
①ダイコンをおろし水気を軽くきる。ボウルに入れ、煮切り酒、淡口醤油、山葵を合わせよくなじませ、水気を程よくきって前盛りする。

鰻蒲穂焼

卵黄塩麹だれ　蓴菜緑酢　マイクロトマト

①ウナギを10㎝程の筒切りにし、串を打ち、ふり塩をする。酒に漬けながら芯までしっかりと焼く。
②中骨を抜き去り、竹串に打ち替えて盛る。

［あしらい］
①塩麹を卵黄にまぶし漬け、一晩おき、山葵を忍ばせ、猪口に盛る。
②ジュンサイを色出しし、冷水にとる。
③キュウリをすりおろし、土佐酢ジュレと合わせ、緑酢を作る。ギヤマンの小吸いにジュンサイを盛り、緑酢を張り、湯むきしたマイクロトマトを盛る。

鰻大和焼

木ノ葉生姜　干芋茎伽羅煮
芥子の実

①ウナギを裂き、串を打ち、蒲焼にする。
②適当に切り分け、灰汁抜きしたツクネイモをおろし、絞り豆腐の裏漉しと白味噌、卵白を合わせる。
③②の生地を①のウナギの蒲焼の上にのせ、天火で焼く。
④上がりに鰻ダレを2回塗り、粉山椒をふりかけ、仕上げる。

［あしらい］
①新ショウガを木ノ葉型に包丁し、さっと湯をする。岡上げし、ふり塩して冷ます。後、甘酢に漬ける。
②干ズイキを水に漬けて戻し、数回流水でもみ洗いし、日なた臭さを抜く。適当な長さに切り揃え、鍋に入れ、ダイコン卸し、タカノツメを入れ、ゆがく。岡上げして水分を飛ばし冷ます。水に晒して洗い、よく水気を絞る。
③鍋に入れ、タカノツメを入れる（大鍋に1本位）。酒2、味醂3、たまり醤油1の地を合わせ入れ、3日かけて沸かしては冷ましを繰り返し、伽羅煮とする。
④天にケシの実をふる。

鰻一杯醤油焼

山葵

①天然のウナギを裂き、適当に切り分け、串を打つ。皮目から焼き、返して身の方をしっかりと焼く。
②一杯醤油を2回かけ焼き上げる。おろし山葵を添える。
●皮目を焼きすぎると固くなるので気をつける。

鰻卸し焼

胡瓜ざくざく　焼万願寺　実山椒味噌漬

①ウナギを開き、適当に切り、串を打ち下焼きする。一杯醤油で焼き上げる。
②ダイコン卸しに煮切り酒、酢、淡口醤油を合わせた卸し地を作り、かけながら、焼く。あがりに実ザンショウを盛る。

[あしらい]

①キュウリは塩ずりして水で洗い、縞むきし、小口に切る。立て塩に漬け、水気を絞り盛る。
②万願寺トウガラシは油にくぐらせて直火焼きする。
③実ザンショウを枝からはずし、酒塩に漬け、一晩おく。銅鍋で3回程度茹でこぼし、水に晒す。辛味の抜け具合を見て水気をきり、味噌漬けする。

えい山椒たれ焼

きんぴら牛蒡、はじかみ

①エイを水洗いし、ヒレの部分をおろし取る。霜降りし、皮目を包丁でこそげ取り洗う。適当に切り出し、柚庵地に3時間漬ける。
②引き上げ、串を打ち、中火で焼く。柚庵地に粉山椒を入れ、それを焼きあがりに2〜3回かけて仕上げる。

［あしらい］
①ゴボウを常の通り洗い、ささがきにし、水に晒す。鍋に白胡麻油を入れ、水気をきった先のゴボウを入れて炒め、酒、濃口醤油、味醂、砂糖できんぴらにする。あがりに切り胡麻と一味唐辛子をふる。

虎魚酒焼

焼葱　丁字麩浸し　白髪葱　潮汁かけて　忍生姜

①オコゼを水洗いし、カマをつけて三枚におろす。頭、中骨に塩をあておき、霜降りし、ぬめりをきれいに取る。
②鍋に酒6、水4、昆布を入れ、オコゼの頭、中骨で潮汁を作る。
③上身にしたオコゼを切り身にし、ふり塩し、串を打ち、焼く。酒をかけながら焼き上げる。

［あしらい］
①丁字麩は60℃位の湯に漬けて戻し、②の潮汁で下煮する。
②白ネギに油を塗り、塩をふって串を打ち、焼く。
③器に③の焼き上げたオコゼを盛り、丁字麩、焼ネギを添え、温めた潮汁をかけ、絞りショウガを落とす。白髪ネギを天盛りする。

虎魚肝だれ焼

胃袋旨煮　おこげ田楽　酢取茗荷　葱

①オコゼを水洗いし、三枚におろし、上身とする。よくぬめりを取った後、酒2、濃口醤油1、味醂0．5に30分漬ける。

②切り身にし、串を打ち、ヒレをアルミホイルで覆い、焼く。

③漬けたタレに、焼いた肝を裏漉しして混ぜ、3回かけ焼きする。

[あしらい]

①胃袋を開き、中をしごき、水洗いする。茹でて水にとり、再度包丁でしごき、適宜な大きさに切る。

②鍋に入れ、玉酒、砂糖、濃口醤油を合わせ旨煮にする。あがりにショウガ汁を落とす。

③おこげを高温の油で揚げ、蓬味噌を塗り焼く。

虎魚山椒焼

叩青実山椒　梅昆布

①上身にしたオコゼを、皮目を下にして、浅めに骨切りの要領で包丁目を入れ、薄塩をあてる。切り身にし、串を打ち、焼く。

②若狭地に実山椒の刃叩きを混ぜ、かけながら焼き上げる。

[あしらい]

①昆布の角切りを鍋に入れ、昆布出汁、溜まり醤油、水、酢、赤酒、砂糖、梅干し、干シイタケを入れ、焚き上げる。梅干しの果肉を合わせる。

②盛りつけて、若狭地を少し張る。

鰹火焼膾

胡麻油　焼葱　行者葱　茗荷　南蛮酢

①カツオを三枚におろし、さく取りし、三割ダレに漬ける。一口大に切り分け、胡麻油をからめて焼く。
②焼いたネギ、行者ネギ（ギョウジャニンニク）と混ぜ合わせ、南蛮酢（出汁5、淡口醤油1.5、味醂1、米酢3、砂糖少量を合わせ、用途に応じて湯洗いして種を抜いたタカノツメを漬ける）をかける。

鰹酒盗焼

葱　玉葱田舎漬

①カツオを三枚におろし、腹身を色紙に包丁し、酒盗地に1時間漬ける。
②地上げした後、皮目に鹿の子に包丁し、串を打って焼く。上がりに打ちネギをまぶし、焼き上げる。
［あしらい］
①小タマネギを立て塩に漬けた後、田舎味噌に酢、味醂を合わせた酢味噌に漬ける。

鰹蒲焼

粉山椒　行者葱ぬた和へ

①カツオを三枚におろし、さく取りし、皮目を厚目にへぎ、三割ダレに漬ける。

②串を打ち、タレをかけながら照りよく焼く。上がりに粉山椒をふりかける。

[あしらい]

①行者ネギ（ギョウジャニンニク）をさっとゆがき、岡上げし冷ます。田舎味噌、米酢、砂糖で酢味噌を作り、和える。

鰈一夜干しふくさ焼

雲丹　浅月ちり酢卸し　酢取軸防風

①カレイのウロコをかき、エラ、腸を抜き、水洗いする。立て塩に1時間漬け、水気を取り、脱水シートに挟み、一晩置く。

②五枚おろしにし、上身4枚の身側を上にして、尾を中心に少し重ねて十字になるように四方に広げる。真中に生ウニを盛り置き、カレイで四方から袱紗のようにして包む。上から楊枝を刺して、留める。

③天板に油をひき、天火にて焼く。雲丹を半生に仕上げる。

[あしらい]

①ダイコンおろしにちり酢を合わせ、刻みアサツキをのせる。

②ボウフウの軸を霜降りし、岡上げして薄塩し、甘酢に漬ける。

鰈色紙焼

くずし蓮根　洗い茄子　丁字茄子　八方酢

①一夜干しのカレイを上身にし、色紙に切り出し、細串を打って酒をかけながら焼く。

[あしらい]

①レンコンの皮をむき、酢水に漬け、酢を入れた湯でゆがく。岡上げし、塩をふり、甘酢に漬ける。

②甘酢から引上げて、組目の卸し金ですりおろす。

③ナスを半割か四ツ割にし、皮ごと刻み、塩で揉む。それを水洗いし、水気を絞り、出汁3、濃口醤油1、絞りショウガ少々に漬ける。丁字茄子（ナスの幼果の梅酢漬）と共に盛る。

鰈挟み焼

のし明太子　蕗梅煮　酢立羹

①ササガレイの一夜干しを三枚におろし、のし明太子（明太子をのして干した物）を上身と下身で挟み、挟み串を打って焼く。あがりに酒をかける。

[あしらい]

①フキを葉と茎に分け、茎を塩で板ずりし、ゆがく。皮を上下からむき、水に晒して切り揃え、淡口八方に梅干しを入れて、追鰹をしてじっくり煮含める。

②スダチの搾り汁をゼラチンで固める。

石鰈塩焼

緑側浅月巻　肝ダレ焼　桃山茗荷

①イシガレイを水洗いし、五枚おろしとし、小串に包丁する。串を打ち、ふり塩をして焼く。
②エンガワでアサツキを芯にして巻き、串を打ち、焼く。
③沖ダレに焼いた肝の裏漉しを混ぜて肝ダレにする。これをエンガワに3回かけ焼きにする。

[あしらい]

①棒ミョウガを霜降りし、岡上げし、塩をふる。甘酢（甘酢1、水4）に漬ける。

鱚浅路焼

白胡麻　千枚冬瓜　梅肉

①キスを水洗いして三枚におろし、薄塩をし、20分ほどおく。
②味醂醤油（味醂2、淡口醤油0.5）に漬け、30分程経ったら汁を拭く。身側と身側を合わせて2枚重ね、串に挟み、白胡麻をふりかけて焼き上げる。

[あしらい]

①トウガンの薄皮を瓶の破片でこそげむき、さく取りして鹿の子に包丁目を入れる。炭酸塩をすり込み、置く。
②水で洗い、銅鍋で色よくゆがき、冷水にとって岡上げし、脱水させる。酒八方地に二度漬けし、千枚に包丁する。

鱚塩焼

酢取茗荷　酢立

①キスをつぼ抜きし、ウロコを取り水洗いし、水気をきる。

②キスの骨、腹、カマに包丁目を入れる。踊り串を打ち、ふり塩して焼く。

●包丁目を入れるのは、焼き上げた後、身離れをよくするため。

③酒、味醂を同割で合わせた地を刷毛で塗り、仕上げる。

[あしらい]

①ミョウガを丸のまま霜降りし、岡上げしてふり塩する。冷ました後、甘酢に漬ける。

鱚昆布〆奉書包み焼

小芋煎酒盗和へ　酢立

①キスを水洗いし、三枚におろし、紙塩して煎り酒で洗う。白板昆布で昆布〆する。

②杉板を酒に漬けておき、その上に昆布〆にしたキスを置き、奉書紙で包み焼く。途中酒をふりかけて焼く。

[あしらい]

①酒盗（鰹の塩辛）を酒に漬けて30分程おき、裏漉しの上に静かに流して汁をとる。鍋に移し替えて、湯煎にかける。

②絹漉しのおからを水漉しして、二枚鍋で煎り、その中に①の酒盗を入れて煎り上げる。蒸したコイモの皮をむき、和える。

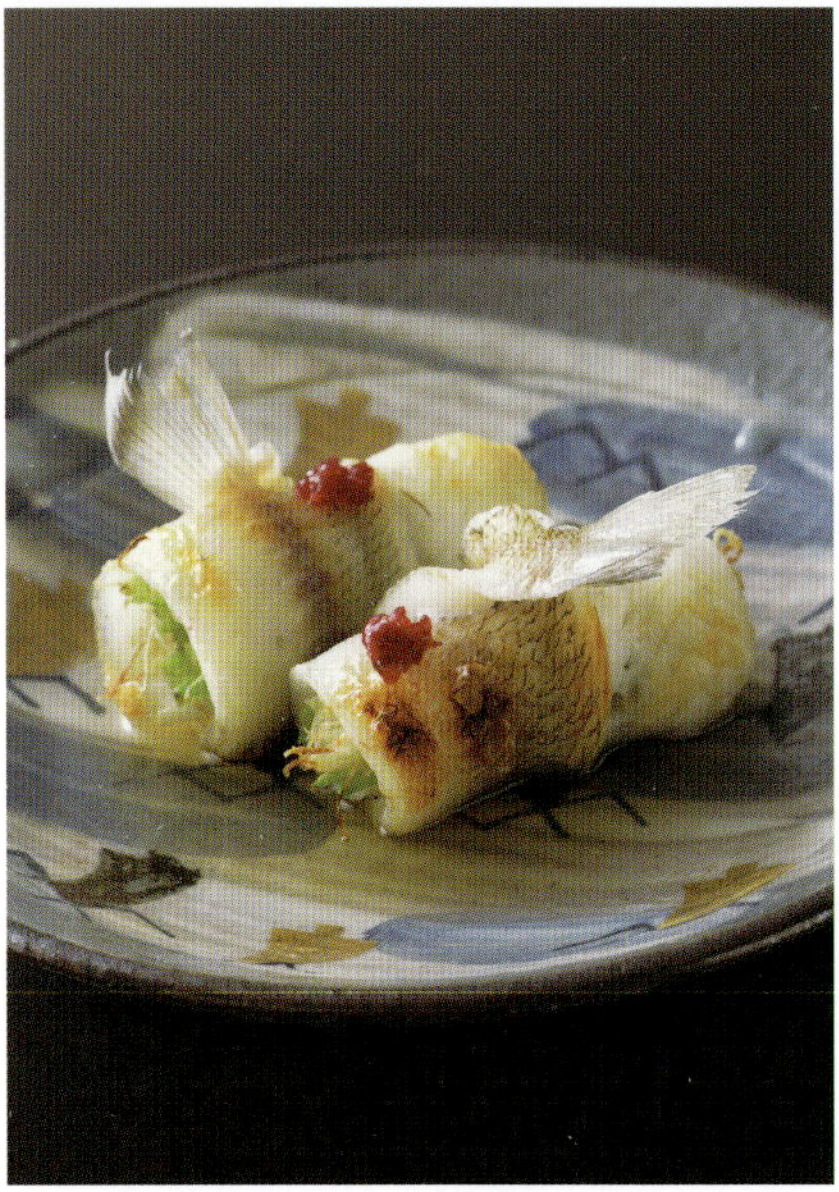

鱚麹漬

白芋茎梅味噌

①キスを水洗いし、三枚におろし、中塩し、30分おく。味醂で洗い、水気をきる。
②戻し麹に2割程白味噌を合わせ、①のキスを3日漬ける。串を打ち、弱火で焼き上げる。

[あしらい]

①白ズイキの葉柄をばらし、皮をむいて清水に落としてアク止めする。適当な幅で縦に切り揃え、鍋にたっぷりの湯を沸かし、そこに酢、ダイコンおろしの汁、タカノツメを入れ、空気にふれないようにゆがく。冷水にとった後、岡上げする。
②冷めたら流水で晒し、灰汁を抜く。灰汁抜きした白ズイキを数本ずつ経木紐で結わえ、水気をきる。鍋に酒八方と味醂を合わせ、白ズイキを入れ、ガーゼで包んだ煎米を入れて煮含める。
③梅肉と白玉味噌を合わせ、梅味噌を作る。

鱚巻焼

針生姜　軸三ツ葉　梅肉　若狭地

①キスを水洗いし、腹開きにし、薄塩して20分おく。
②粗めに切った針ショウガ、軸三ツ葉を芯にして巻き、串を打って若狭地をかけ、焼き上げる。

鱸かま酒塩漬オイル焼

香梅卸し　レモン

①スズキを水洗いし、三枚におろし、カマを取る。酒塩に3時間漬け、地上げする。
②米油、昆布とともにカマを真空パックし、58℃で加熱する。パックから取り出し、表面を香ばしく焼く。
●あらかじめ加熱し、身の締り、パサつきを抑える。

[あしらい]
①ダイコンおろしに梅干しの叩き身を加え、醤油少々で味を整える。レモンを添える。

鱸油焼

蓼酢卸し

①スズキを水洗いし、三枚におろし、上身とする。切り身にし、薄塩をあてておく。
②串を打ち、皮目から焼き、サラダ油をかけながら両面を焼く。皮目はパリッと焼き上げる。

[あしらい]
①タデの葉をむしり、擂り鉢ですり、裏漉しする。ダイコンおろしとタデを混ぜ、酢1、淡口醤油1を合わせ、レモン汁を加え味を整える。

鱸柏葉焼

忍び梅　筍磯香焼　槍生姜

①スズキを水洗いし、三枚におろし、上身とする。皮目を下にし、片開きに包丁し、薄塩をあてる。梅干しを刃叩きし、スズキの切り身に挟み、戻す。小麦粉で打粉をし、180℃の油で唐揚げする。
②天火で焼く。柏葉で包み再度炙る。

［あしらい］
①タケノコを糠ゆがきし冷まし、清湯して、酒塩八方で含め煮にする。
②①を包丁し、串を打ち、酒で洗った塩ふき昆布をのせて焼く。
③槍に見立てたはじかみを添える。

鱸トマト麹焼

筒牛蒡味噌漬

①スズキを水洗いして三枚におろし、上身とする。薄塩をあて、水気が出たらよく拭き取る。
②干トマトを戻して刃叩きする。生のトマトを湯むきし、刃叩きする。
③練麹と②を混ぜ合わせ、先のスズキを一晩漬ける。干トマトの戻し汁も加減して入れる。身を取り出し、串を打ち、天火で焼く。トマト麹地をかけながら焼き上げる。

［あしらい］
①ゴボウを寸切りして、酢水に漬け、ゆがく。細串で芯を筒状に抜く。
②白粗味噌を煮切り酒、煮切り味醂でのばし味を整え、さらしで関所漬けとして①を味噌漬けする。

太刀魚阿蘭陀膾

焼葱　針唐辛子　三杯酢

①タチウオを水洗いし、三枚におろし、上身とする。小串に切り出し、串を打ち、沖だれでつけ焼にする。
②焼き上がりの熱いうちに、焼いた白ネギとともに三杯酢に漬ける。
③針トウガラシを天盛りする。

太刀魚雪花菜漬

南蛮独活　凍蒟蒻湯葉粉揚

①タチウオを上身にし、べた塩をする。
②おからを水漉しし、固く絞り、割甘酢に白味噌を少量合わせ、味を整えて床を作る。タチウオを４～５日漬ける。床から上げ、おからをつけたまま焼く。

[あしらい]
①凍コンニャクをぬるま湯に漬けて水中でもみ洗いし、水気をきり、甘八方で焚き下味をつける。
②樋ユバを粉にする。打粉し、卵白をくぐらせた凍コンニャクに衣つけし、１８０℃の油で揚げる。
③ウドは産毛をこそげ洗い、素揚げし、南蛮酢に漬ける。

太刀魚巻焼

葉唐辛子伽羅煮　たかの爪　酢立

①細目のタチウオを三枚におろし、細青竹に巻きつけ、たこ糸でとめる。一杯醤油でつけ焼きする。

●または塩焼きにしてもよい。中心に射込み物をしたり、野菜などを芯にして串を打ち、焼いてもよい。

[あしらい]

①葉トウガラシの葉を取り、そうじして、炭酸塩水に浸す。

②ゆがいて冷水にとり、水に晒す。水気をよく絞り、酒2、味醂3、たまり醤油1の地とタカノツメと共に鍋に入れて沸かし、葉トウガラシを取り出す。竹ザルに広げ、陰干しする。

③鍋の地を煮詰め、干した葉トウガラシを戻し入れて煮上げる。

太刀魚一夜干し

子からすみ擬き　酢立

①タチウオを三枚におろし、酒塩に漬け、一夜干しにする。干し上がりを酒をふりながら焼き上げる。

②子はべた塩して2〜3日おき、塩抜きした後、焼酎10、濃口醤油1の地に一晩漬ける。地上げし、軽く重石をかけ、乾かす。芯まで均等に干し上がったら炙る。

③スダチを添え、盛りつける。

鰌八幡巻

白瓜粉節和へ

①ドジョウを裂き、ヒレ、腹骨をはさみで取り去る。ラップ紙を広げ、皮目を下にして上下交互にすきまなく並べる。小麦粉を軽く刷毛でふる。
②細めのゴボウを用意する。たわしで流水にあてながら洗う。適当な長さに切り出し、酢水でゆがく。水にとり、晒す。
③芯の部分を細金串で抜きとる。煮物八方で含め煮にし、下味をとる。
④煮含めた筒牛蒡の水気をしっかりとり、先のドジョウの中心に置き、巻く。一度蒸して、とめる。ラップ紙をはずし、串を打ち、鰻ダレで3回かけ焼きする。

[あしらい]

①シロウリを塩みがきし、水で洗う。両端を落とし、芯を打ち抜き、上から螺旋状にむく。塩水に昆布をさし、むいたシロウリを漬ける。
②半日陰干しした後、適当に切り出す。昆布出汁に軽くくぐらせ、粉節で和える。

鰌味噌香取干し

酢立

①ドジョウを裂く。各ヒレ、中骨をはさみで切り取り、酒で洗う。水気を拭き取り、赤田楽味噌1、酒4、濃口醤油1、味醂0.5の地を合わせ半日漬ける。
②取り出して串を刺し、半干しする。
③金網に酢を塗り、半干しのドジョウを並べ、炙り焼く。

鰌蒲焼鮓

はじかみ　青叩実山椒

①ドジョウは裂いて上身にし、細串を打ち、皮目から焼き、鰻ダレで蒲焼にする。
②押し箱に笹を敷き、①の蒲焼を並べ入れ、すし飯（梅肉を混ぜる）を入れ、押し寿司にする。

[あしらい]
①実ザンショウは枝からはずし、酒塩に一晩漬ける。銅鍋で数回ゆでこぼし、柔らかくする。水に晒し、適度に辛味を抜く。みじん切りにして天盛りする。

●辛味を抜いた後、味噌漬や青煮などにする。また、保存用に醤油で辛煮してもよい。

鯉木ノ芽焼

皮煎餅　木天蓼味噌漬

①活のコイの頭をふきんでおさえ、出刃の背で打ち、口の中に親指を入れ、尾よりすき引きで鱗皮をすく。皮はとりおく。
②コイを三枚におろし、人肌程度のぬる燗に漬ける。皮を下にして骨切りし、川魚ダレに30分漬ける。包丁し、串を打ち、タレを2～3回かけ焼く。上がりに木ノ芽を散らす。
③抜き板に貼って乾かした皮を中温の油で揚げ、素塩をふる。

[あしらい]
①マタタビの実の塩漬けの塩気を抜き、浮かないように落とし蓋をして味醂に3日漬ける。白味噌で関所漬けにする。

鯉味噌漬

牛蒡蓼汚し

①コイを上身にし、ぬる燗に浸し、水気をきり、薄塩をあてる。味醂で洗い、味噌漬けにする。
②3～4日漬けた後、取り出し、皮目を下にして骨切りする。串を打ち、身を一枚一枚開きながら弱火で焼く。あがりに酒1、味醂2を合わせた地を刷毛で塗り、焼き上げる。

[あしらい]
①ゴボウを寸切りにし、酢水に漬ける。歯ごたえが残る程度にゆがき、岡上げして軽く塩をふり冷ます。甘酢に漬け、酢牛蒡を作る。タデの葉のみじん切りで和える。

鯉さらさ焼

長芋紫蘇巻

①コイを上身にし、味噌漬けと同様に下処理する。柚庵地に1時間漬ける。

②コイの子を取り出し、ゆがく。目の細かい裏漉しにあけ、流水に晒す。水気をきり、鍋に入れ、酒、砂糖、淡口醤油で下煮する。

③煮上げた子の地をきり、卵黄を混ぜ合わせる。

④①のコイを地から上げ、骨切りし、適当な大きさに切り出し、串を打ち、八分《ぶ》通り焼く。③の子を2〜3回に分けて乗せ、焼き上げる。

[あしらい]

①ナガイモの皮をむき、拍子木切りにし、立て塩位の塩を加えた昆布出汁に一晩漬ける。取り出し、紫蘇の葉漬けで巻く。

鯰味噌だれ焼

花山椒青煮　蓼葉　独活香梅漬

①上身にしたナマズの身に骨切りの要領で包丁目を入れ、小麦粉をまぶし唐揚げする。

②天板に並べ、焼く。煮切り酒でのばした白玉味噌を2回かけ焼きする。

[あしらい]

①花ザンショウは軸、汚れをそうじし、銅鍋でサッとゆがき、冷水に晒す。辛味が程よく抜けたら、ザルにあげ、水気をしっかりきる。

②鍋に酒、砂糖、塩を入れ沸かし、①の花ザンショウを入れて焚く。再び沸いたら火を止め、鍋ごと氷水にあて、冷ますと色よく仕上がる。

③ウドを寸切りし、円柱にむき、酢水に漬ける。酢を入れてゆがく。抜き板に岡上げし、冷ます。梅酢を落とした甘酢に漬ける。

鯰蒲焼

茄子芥子漬

①ナマズを目打ちして裂き、上身にする。コイと同じくぬる燗に漬ける。タレがからむ様に、身に包丁目を切り入れ、串を打つ。
②皮目から焼き、返して身の方を焼く。皮は、あまり焼きすぎないようにする。身の方をしっかりと焼き、鰻ダレで3回かけ焼きする。上がりに粉ザンショウをふる。

[あしらい]
①皮の柔らかい小ナスを用意し、ヘタを取り、縦二つ切りにする。塩をすり込み、面器に入れ、酢を注ぎ5～6日おく。途中よくかき混ぜる。
②水で洗い、皮に針打ちして、生のナスの半分量の重さ位に絞る。
●小ナスを水で洗う時、塩を抜きすぎない。
③芥子粉を熱湯で練り、密封して1～2時間放置して、辛味を出す。その後、砂糖、戻し麹、塩、酢、サラダ油を混ぜる。この床に②のナスを漬け込み、ラップ紙を密着させて蓋をし、5～6日おく。
●麹の代わりに板粕を用いても良い。

鮎塩焼

川海苔衣揚　蓼酢

①活鮎に踊り串を打ち、ふり塩をして焼く。

●天火の口火を調節しながら、ヒレを焦がさないように、むらなく焼く。頭の方を口火に近づけ、しっかりめに火を入れる。

[あしらい]

①乾燥の川海苔に打粉をふり、薄衣で天婦羅にし、味塩をふる。

②タデの葉を取り、擂り鉢に塩を加えてする。米のおねばを入れ再度すり、裏漉す。すすめる直前に米酢1、煮切酒0.5の合わせ酢で程よくのばす。

鮎挟み焼

蓼卸し　水前寺海苔粕漬

①アユのぬめりを取り、背開きにし、頭を落とす。水洗いし、中骨、腹骨を取り去り、立て塩に30分漬ける。

②引き上げて、アユの白子、真子塩辛を挟み、挟み串を打つ。酒をふりかけながら焼き上げる。

[あしらい]

①ダイコン卸しに、米酢、塩少々で味を整え、刃叩きしたタデ葉を混ぜる。

②水前寺海苔を塩水に3~4日漬け、銅鍋で色出しする。酒粕に2割程白味噌を合わせた床で、3日位床漬けする。

鮎一夜干し苦うるか焼

丸十レモン煮
酢立

①アユを背開きにし、腹骨をすき、内臓を取る。水洗いして水気をとる。立て塩に1時間程漬け、脱水シートに挟み、半日置く。
②金網に酢を塗り、鮎を並べ、皮目から強火の遠火で尾、ヒレを焦がさないように焼く。
③両面に酒をふりかけながら香ばしく焼き、上がりに苦ウルカをひと刷毛塗り、焼き上げる。

[あしらい]
①新物の細目のサツマイモを求め、輪切りにし、焼みょうばん水に漬ける。クチナシで色水を作り、鍋に入れ、色付けする。そのまま鍋止めし、酢を1滴落とし、冷めるまでおく。
②水に晒し、水1升に砂糖600gの蜜を合わせ、レモンスライス適量、絞り汁を入れ、紙蓋をしてレモン煮とする。
③スダチを添える。

鮎黒甘露漬

もみじがさ白仙揚

①アユを背開きにし、中骨、腹骨を取り去り、水洗いし、水気をとる。強塩をして一晩おく。黒酒で洗う。
②柔らかめに焚いた炊きたての御飯に、黒酒を米1升に対して同割程度合わせ、冷ましておく。戻し麹を1割加え、アユをどぼ漬けする。冷暗所に置き、4~5日漬ける。
③②のアユに串を打ち、中火で焼き上げる。途中、黒酒をふりかける。

[あしらい]

①モミジガサに上新粉、コーンスターチを7対3の割合で合わせて水溶きした衣をつけ、白仙揚にする。素塩をふる。
②割竹に温石と柏葉を敷き、アユとモミジガサを盛る。

鮎白蒸し包み焼

白子うるか　大葉紫蘇酢

①子持アユを背開きにして頭を落とし、腸、中骨、腹骨をきれいに取り去り、立て塩で洗う。酒塩を昆布出汁でのばし、30分漬ける。
②水気をしっかりと取り、白蒸し、アユの白子ウルカを包み、挟み串を打つ。酒を吹きかけながら焼く。

[あしらい]

①シソの葉を擂り鉢ですり、重湯と米酢、塩を合わせて、さらにすり、裏漉す。

子持鮎塩焼

零余子松葉刺し

①活の子持アユに踊り串を打ち、腹皮に包丁目を入れ、ふり塩して焼く。

[あしらい]

①ムカゴと水を擂り鉢に入れてこすり洗う。流水で洗い流し、立て塩に漬ける。

②蒸し器で蒸し上げ、唐揚げする。松葉に刺す。

子持鮎味噌柚庵漬杉板焼

松露塩焼松葉刺し

①子持アユを流水でよく洗い、ぬめりをとる。腹に包丁目を3分の1程入れ、味噌柚庵地（煮切り酒6、赤酒3、濃口醤油0.5、淡口醤油0.5、白味噌2）に2日程漬け、引き上げて陰干しする。

②頭を落とし、平串を打って焼く。上がりに味醂を塗り、照りをつける。

③柚庵地に漬けておいた杉板の水分をきり、先の鮎を挟み、天火で焼く。

[あしらい]

①ショウロを擂り鉢に水と共に入れ、砂をよく洗い、流水で流す。酒塩に5分漬け、串を打って焼く。

子持鮎献珍焼

焼茄子ウルカ味噌和へ

①鮎を水洗いし、ウロコをかき、背開きにする。中骨、腹骨、エラ、腸を取り去り、立て塩で洗う。水気をしっかりとる。
②玉子けんちんを作り、下味をつけたキクラゲ、ギンナン、ニンジンを混ぜ、アユで雀包みする。
③頭と尾を楊枝で止め、天火で焼く。あがりに味醂を塗って仕上げる。

[あしらい]
①焼ナスを、苦ウルカと南蛮味噌で味を整えた味噌で和える。

錆鮎味噌干し

栗煎餅

①子持アユのウロコをかき、水洗いする。腹上の皮に包丁目を入れる。
②赤玉味噌を煮切り酒でのばしたどろりとした地に、月桂樹の葉と共にアユを3～4日漬ける。
③踊り串を打ち、半干しする。弱火でじっくりと焼く。焼き上がりに味醂を塗り、艶出しする。鉄砲串に打ち替える。

[あしらい]
①クリの鬼皮、渋皮をむき、スライスし、水に晒し、ザルに上げる。
②鍋に湯を沸かし、①のクリを霜降りし、ザルに広げる。陰干しした後、中温の油で揚げ、塩をふる。

子持鮎甘漬紫蘇包み焼

焼ひしの実

①小さめの子持アユを用意する。ウロコを軽く引き、水洗いして、頭を落とし、子だけを残し、腸を抜く。強塩して、3時間程置き、塩をなじませる。
②柔らかめに炊いた御飯2、黒酒1、戻し麹1を合わせ、冷ます。
③②の床に塩を洗い流した子持アユを入れ、5～6日漬ける。床から上げ、串を打って弱火で焼く。シソの葉漬けで巻く。

[あしらい]
①ヒシの実を一晩水に漬け灰汁抜きする。たっぷりの湯でゆがいた後、岡上げする。縦割りにし、塩をふり、網焼きする。

子持鮎揚焼

しし唐　岩塩

①小ぶりの活子持アユを求め、立て塩で洗う。水気をきり、米粉をまぶし、活きたまま180℃の油で揚げる。
②①のアユを金網に乗せ、天火で焼く。

[あしらい]
①シシトウの中の種を取り、素揚げしてふり塩する。

岩魚塩焼

木天蓼芽浸し

①イワナのエラ、内臓、ワタを取り、水洗いする。

●イワナは雑食性なので、アユと違って内臓を必ず取り出して水洗いする。

②水気を拭いて、踊り串を打ち、ふり塩をして焼く。

【あしらい】

①マタタビの芽を銅鍋で茹で、冷水にとり、軽く水に晒す。

②水気をきり、酒八方に2度漬けする。盛り付ける前に、旨出汁に漬け直す。

●イワナは素焼きにした後に火干《ぼ》かしにした物を炙り、器に入れて酒を注ぎ、骨酒にしても美味しい。

魚田皮竹包焼

木天蓼梅酒煮

①イワナを背開きにし、エラ、内臓を取り、水洗いする。

②水気をよくきり、腹の中に赤田楽味噌を挟む。

③踊り串を打ち、焼き上げる。

④青竹に温めた玉砂利を敷き、③のイワナを盛り、竹皮で包む。

１３０℃のオーブンで10分間焼いて温める。

【あしらい】

①マタタビの実の塩漬けを一度ゆがき、塩気がなくなるまで流水で晒す。空蒸しして水分を飛ばし、鍋に入れ、梅酒を注ぐ。氷砂糖を加えて味を加減し、じっくりと煮含める。

●アルコールは完全に飛ばして炊く。

のどぐろ姿焼
鬼染卸し　酢立

①きす場のノドを求め、つぼ抜きして水洗いし、水気を拭き取る。皮目に細串で針打ちし、酒塩に漬ける。
●「きす場のノド」とは、日本海のキスの漁場でキスを食して大きく育ったノドグロのこと。
②塩がまわったら半干しにする。串を打ち、皮目に酢をひと刷毛塗り、香ばしく、酒をふりかけながら焼き上げる。
[あしらい]
①鬼卸し器でダイコンをおろし、濃口醤油で加減し添える。スダチをあしらう。

のどぐろ醸し漬
べったら大根茗荷巻

①ノドグロを水洗いし、頭だけを落とし、三枚におろし、カマを大きく切り出す。中塩し、塩をまわしておく。
②水分を拭き取り、練麹に一晩漬け、串を打って焼く。上がりに酒1、味醂1を合わせたものを刷毛で塗り、照りをつける。
[あしらい]
①ミョウガの根の部分に十文字に切り目を入れる。塩を加えた湯でさっと色出しし、岡上げして、塩をふる。冷めたら甘酢に漬ける。
②酢取茗荷を薄切りにしたべったら漬けで巻く。

のどぐろ酒焼茸色々スープがけ

針葱　黒七味

①ノドグロを水洗いし、三枚におろし、上身とする。ふり塩し、身を締める。切り身にし、串を打ち、酒をかけながら焼き上げる。
②水洗いの時に出た頭を梨割りし、中骨と共にそうじして、焼く。鍋に入れ、昆布をさし、酒6、水4でスープをとる。
③②のスープに、シメジ、マイタケ、旬のキノコを焼ネギと一緒に入れ、薄葛をひいて茸スープとする。
④焼き上げたノドグロにスープを張り、黒七味、針ネギを天盛りする。

のどぐろ醤油焼

松露椎茸塩焼　はじかみ

①ノドグロを水洗いし、三枚におろす。ふり塩し、身を締める。切り身にし、皮目に包丁目を入れて串を打ち、焼く。
②あがりに一杯醤油を刷毛で塗り、焼き上げる。
●盛りつける前に、器に醤油を一刷毛塗っておく。

[あしらい]
①小粒のシイタケを用意し、軸を取り、砂糖水に漬ける。
②ガーゼにとり、松露状に丸く固くしぼり、たこ糸でとめる。それを一度冷凍する。
③凍ったまま鍋に入れ、昆布出汁で焚く。冷ました後、ガーゼをはずし、地をよくきり、塩をふって焼く。

鱧親子焼

肝時雨煮　笛　山牛蒡梅鰹漬

①ハモを水洗いして開き、骨切りする。薄塩した後、串を打ち、横添串を金串に通す。下焼きし、一杯醤油でかけ焼きする。
②ハモの子を長ネギ、ショウガを入れてボイルし、流水に晒す。裏漉しに上げ水切りし、玉酒、味醂、淡口醤油、塩でじっくり焚く。
③焚き上がった子の地を切り、卵黄を適量混ぜ、ハモの身に3回塗り焼きする。
④肝に針打ちし、薄塩する。後、流水に晒し、水気をきり、焼く。鍋に玉酒、濃口醤油、砂糖を合わせ、ショウガ汁を加えて、上がりに味醂を打ち仕上げる。
⑤ハモの笛（浮袋）の両端を切り、中の薄膜を引き取り、水洗いする。霜降りし、冷水にとり、八方出汁でさっと焚く。
●煮凝《ここ》るため、焚き上げたら冷ました後、地上げする。

［あしらい］
①ヤマゴボウをすり洗いし、頭先、根先を切り落とし、水に浸して5日程おき、水に晒して灰汁抜きする。
②梅肉に煮切り味醂、醤油、砂糖を合わせ、床を作り、水気をきったヤマゴボウを漬け、その上に粉鰹をふりかけ、1週間程ねかす。
③引き上げて、おろしワサビで和える。

妹背山

木ノ芽　煎り酒

①ハモ2本を水洗いし、開いて骨切りして、薄塩する。両身に葛粉をまぶし、身と身を抱き合わせ、抜き板で挟み、30分程圧をかけなじませる。

②挟み串をして両面焼き上げる。

●中は余熱で火を通すように、ふっくらと焼く。

③酒をふりかけながら焼き上げる。煎り酒を張る。

●本来サンショウ醤油付焼きだが、あっさりめに仕上げる。

御寺鱧

滑茸黄味卸し和へ

①すり身をとって残ったハモの皮を用いる。皮に葛粉をまぶしつける。

②擂り鉢で絞り豆腐をよくすり、1割程のツクネイモのおろし、葛粉を混ぜる。

③①の皮に②を盛り、ならして、油で揚げる。串を打ち、大徳寺納豆を酒に浸した物に醤油を少し混ぜ、塗り焼きする。

[あしらい]

①小粒のナメタケを八方出汁で焚き、冷まして地をきる。

②ダイコンおろしに卵黄を混ぜ、軽く絞り、醤油で味を整える。①を和える。

鱧此花焼

白瓜雷干し　白胡麻

①ハモを水洗いし、開いて真ん中で切り分け、作取りする。
②骨切りし、3cm位で切り離し、ふり塩して、皮目を直火に当て焼く。
③身の方に南高梅の梅干しの果肉を塗りつけ、天火でさっと焼く。

[あしらい]

①シロウリを塩みがきし、水洗いした後、中心を打ち抜き、らせん状にむく。
②立て塩に昆布をさし、①のシロウリを30分漬け、金串にかけ、陰干しする。

●乾かしすぎない。

③適当に切り出し、昆布出汁で洗って白煎胡麻で和える。

鱧柚香焼

松茸　輪柚子

①ハモを水洗いして開き、上身にする。
②骨切りし、3cm程の幅に切り、串を打ち、一杯醤油で焼く。
③マツタケも同様に焼く。角石の器を熱しておき、先のマツタケ、ハモを輪切りユズと重ね盛る。

鱧俵焼

黒皮茸安倍川

①ハモを水洗いして、上身とし、骨切りする。
②皮目を上にして置き、小指大のダイコンを芯にして巻き、俵の形になるように3ヵ所竹の皮の紐で縛って、串を打ち、酒焼きにする。
③ダイコンを除いた後、玉味噌でのばした練ウニを絞り出し、射込む。

[あしらい]
①クロカワタケの塩漬けを3回ゆでこぼし、水に晒して塩抜きする。流水で傘の裏や軸をよく洗い、空蒸しして水分をとばす。
②鍋に入れ、味醂4、溜まり醤油1で3日程かけて詰煮する。きな粉で和える。

鰯くらま干し

椎茸粉節煮

①大羽イワシを用意し、ウロコを取り、頭、腹側を切り落とし、水洗いする。三枚におろし、上身にする。
②実山椒の醤油煮を入れた柚庵地に、1時間漬ける。引き上げ、横串を打ち、干す。
③網で炙り焼きにする。

[あしらい]
①シイタケを軸と笠に分け、冷凍する。凍ったままのシイタケを軸、笠共に鍋に入れ、昆布出汁、酒、濃口醤油、砂糖、味醂で詰煮する。煮上がったシイタケを粉鰹で煎り、和える。

月ケ瀬煮干し焼

こぼれ梅干柿丸　結びのし梅
紅白大根人参

①中羽のイワシの頭を落とし、内臓を抜き取り、水洗いし、ウロコも洗い流す。立て塩に2時間漬ける。
②鍋に竹網を敷き、イワシを放射状に並べ、落し蓋をして、重石を置く。水を注ぐ。2割位の生酢を入れ、火にかけて、戻す。
③イワシが骨まで柔らかくなったら、静かに流水で水にさらす。
●程よい塩気を残しておく。
④水から竹網ごと引き上げ水気をきり、シソの葉漬けで1匹ずつ巻く。再度鍋に竹網を敷き、イワシを放射状に並べ、落し蓋、重石をのせる。
⑤玉酒、味醂、濃口醤油で味をつけ、地がなくなるまで煮る。
⑥竹網ごと引き上げ、1匹ずつ抜き板に並べ、2〜3日干す。途中裏表返す。
⑦干し上がったら、軽く炙る。
●干し上げて、そのまま口取りとしても良い。

［あしらい］
①こぼれ梅とクリームチーズ、市田柿の粗みじん切りと合わせ、丸にとる。
②のし梅を帯状に包丁し、結ぶ。
③梅形に抜いたダイコン、ニンジンを、昆布をさした立て塩に漬けた後、甘酢に漬ける。

鰯いしる干し

酢立

①イワシのウロコを引き、頭、腹側を落とし、酒2、いしる1を合わせた地に1時間浸す。横串を打ち、干す。
②平串を打って、酒をふりかけながら焼く。

鰯丸焼

レモン酢卸し

①大羽イワシのウロコを取り、酒塩に昆布をさし、漬ける。
②引き上げ、半干しにし、串を打って焼く。
［あしらい］
①ダイコンおろしにレモン汁、塩を合わせる。

鰯梅醤漬

福豆粉焼　松笠くわい

①大羽イワシを水洗いし、三枚におろす。醤油麹1、味醂1、梅干し果肉1、煮切り酒1で地を合わせ、半日漬ける。地から上げて、串を刺し、陰干しする。
②片褄折串を打ち、焼き上げ、あがりに煎豆を砕いたものをまぶし、仕上げる。
[あしらい]
①姫クワイを松笠にむき、下茹でしてから水気をきる。油で揚げ、軽く塩をふる。

ししゃも南蛮漬

玉葱麸の粉揚　芽三ツ葉　加減酢

①本シシャモを立て塩に30分漬ける。
②目刺しに串を打ち、半干しする。
③頭と尾を落とし、串を打ち、こんがりと焼く。焼きたてを南蛮酢に漬ける。
[あしらい]
①小タマネギを輪切りにし、輪にばらす。焼麸をすりおろした麸の粉をつけて揚げる。

ししゃも夫婦焼

酢立

①半干しの本シシャモの雄、雌に串を打ち、酒をかけながら焼き上げ、盛り合わせる。

ししゃもけし焼

レモン　大根松前漬

①北海道産の半干しの本シシャモの頭と尾を取り去り、細金串を打ち、焼く。

●この段階で地焼きをしっかり行なう。

②裏表が焼き上がる前に、卵の黄身にケシの実を混ぜ合わせたものを刷毛でまんべんなく塗りながら仕上げる。

[あしらい]

①切干ダイコンをぬるま湯に漬けて戻し、戻し汁に甘酢を加える。松前昆布（細切り昆布）を加え、濃口醬油少々で味を整える、タカノツメの輪切りを漬ける。

魳献珍焼

焼しめじ　間引菜浸し　柚子

①カマスを三枚におろし、上身にする。薄塩をあて、柚庵地に漬ける。引き上げ、地をしっかりと拭く。皮目に細かく包丁目を入れておく。
②豆腐1丁と卵1個を混ぜ合わせ、中火にかけ、水気が飛んだら、裏漉しにかける。
③ささがきゴボウ、ニンジン、シイタケを油で煎り、とろろを混ぜ合わせ、丸にとる。
④③を①のカマスで巻き、楊枝で止め、天火で焼き上げる。
[あしらい]
①シメジは酒塩に漬け、網であぶり焼く。
②間引菜を色よくゆで、酒八方に地漬けした後、八方出汁に二度漬けする。
③器に盛り込み、ユズを添え、吸地加減の餡をかける。

魳茸巻

焼栗　ひすい銀杏

①カマスを三枚におろし、上身にし、柚庵地に漬ける。引き上げ、皮目に筋包丁する。
②酒塩に漬けたマイタケを①のカマスで巻き、串を打ち、じっくり焼く。あがりに味醂、酒を同割で合わせた地を塗る。

[あしらい]
①クリを二度むきし、塩水に漬ける。鍋に入れ、踊らないようにゆがく。網で焼く。
②ギンナンの殻を割り、むき、塩水に漬けておく。油で揚げ、素塩をふる。

魳鉄砲焼蓼粥味噌かけ

①カマスのウロコをかき、胸ビレから頭を落とし、つぼ抜きして水洗いする。筒切りし、ふり塩する。
②表、裏の皮目に細かく包丁目を入れ、串を打ち、酒焼きにし、骨を抜く。
③タデの葉をむしり、粥と共にジューサーに入れ、まわす。
④③の蓼ペーストを白焚味噌と合わせた粥味噌をカマスにかける。

鰤黄味柚庵干し

糸瓜紫蘇の実和へ

①カマスを水洗いし三枚におろす。上身にし、薄塩をあて水分を抜く。柚庵地（赤酒1、濃口醤油1）に卵黄を溶き入れ、40分漬ける。地をからめたまま、脱水シートに挟み、一晩おく。

②片褄折串を打ち、包丁目を入れて焼き上げ、味醂で艶出しする。

［あしらい］

①イトウリの鬼皮をむき、輪切りにして、種を取る。鍋に入れて、水からゆがく。

●ゆですぎない。

②程よくゆで上がったらザルに取り、岡上げして急冷する。水に落とし、麺状にほぐして流水で洗う。よく水気をきり、土佐酢に漬ける。

③シソの実の塩漬けを塩抜きし、甘酢に漬ける。イトウリとシソの実を和える。

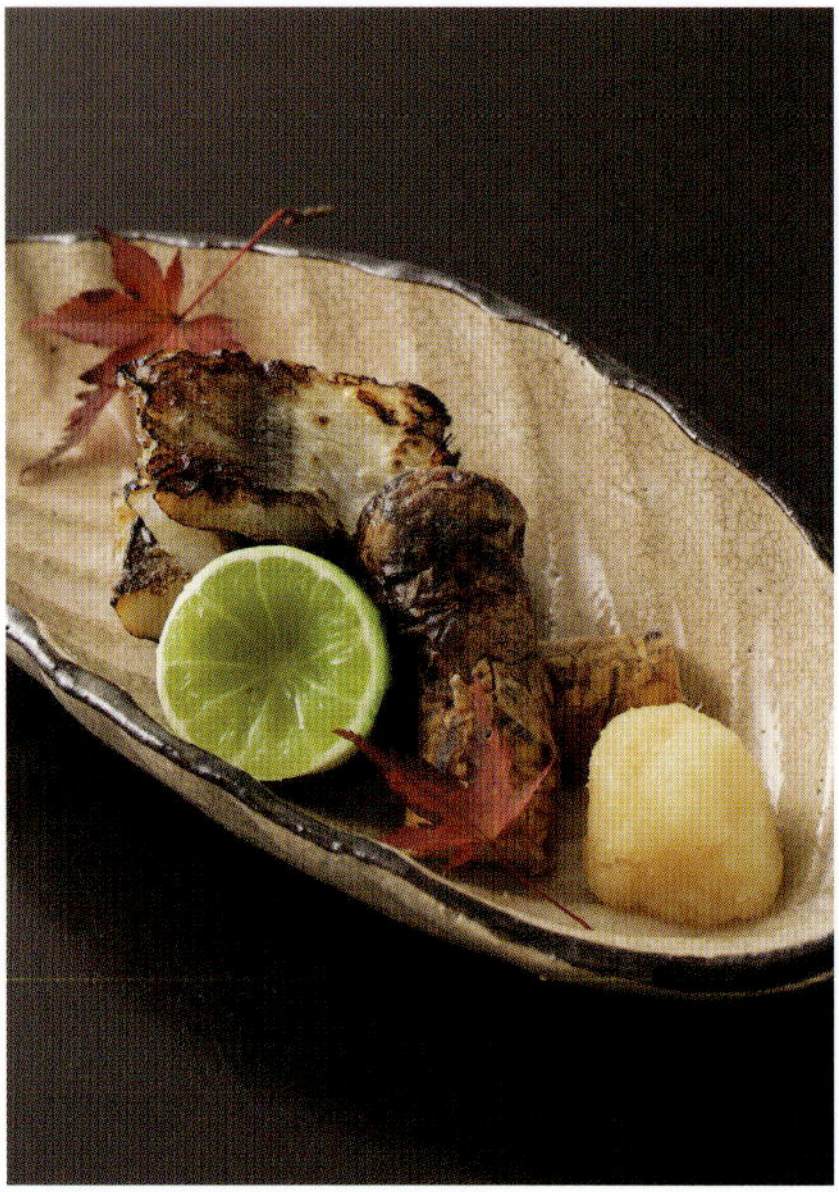

魳酒焼

黒枝豆醤油煮

①カマスを三枚におろし、上身にする。小骨をきれいに抜き、ふり塩して身を締める。

②両妻折に串を打ち、酒をたっぷりかけながら、焼き上げる。

［あしらい］

①丹波黒エダマメを、擂り鉢に塩水を入れ、もみ洗いして産毛を取り、流水で洗う。鍋に昆布出汁、酒、濃口醤油、味醂を合わせ炊く。鍋止めして冷ます。

魳一夜干し

松茸唐揚　ぽん酢卸し　酢立

①カマスを水洗いし、三枚におろして、上身とする。ふり塩し、一夜干しにする。

②串を打って酒焼きし、寸切りして盛る。

［あしらい］

①マツタケをそうじして酒塩で洗い、米粉を打ち、唐揚げする。

②ダイコンおろしにポン酢を合わせる。

小鯛柴焼

零余子柴菊芥子和へ

①小ダイは水洗いし、三枚におろし、白柚庵地（酒2、味醂1、淡口醤油1）に漬ける。曲げ串を打ち、漬け地をかけながら焼く。
②サツマイモを千切りにし、水に晒し、水気をきり、低い温度で揚げる。
③ニンジンを細い千切りにし、湯をする。三ツ葉は軸にし、湯をする。
④②の揚げ芋をボウルに移し、卵白を少し加えて、③のニンジン、三ツ葉と混ぜ合わせる。
①の小鯛の上に乗せ、乾かすように炙る。

［あしらい］
①ムカゴを擂り鉢に水と共に入れてこすり洗い、流水で洗う。塩蒸しにする。
②紫菊を酢水でゆがき水に晒した後、淡口八方に地漬けする。①のムカゴと紫菊を合わせ、漬地にカラシを溶き入れ、和える。

小鯛干飯焼

千成瓢箪

①モチ米を洗い、浸水した後ザルで上げる。蒸し上げた後、乾かして、油で揚げる。
②小ダイを三枚におろし、白柚庵地に漬ける。曲げ串を打ち、焼く。
③あがりに揚米を散らし、焼き上げる。

[あしらい]
①ヒョウタンの粕漬（市販品）を銅鍋でゆでて色出しし、軽く水に晒し、再度粕漬にする。

鮭焼浸し

イクラ卸し和へ　酒出汁色三ツ葉

①サケを切り身にし、ふり塩する。串を打ち、焼き上げる。
②酒と出汁を同割に合わせ、沸騰させ、淡口醤油で加減し、焼き上げたサケを浸す。
③器に盛り、少し地を張って、イクラのおろし和えを天盛りし、レモン汁をかける。

鯖燻し焼

花丸胡瓜

①塩サバを上身にし、２cm幅に切り出し、細金串を打ち、焼く。上がりに一杯醤油を塗り、焼き上げる。
②中華鍋に桜チップを入れ、金網を置き、焼いたサバを並べる。蓋をして火にかけ、燻す。

[あしらい]
①花丸キュウリを塩みがきし、水洗いする。鍋に湯を沸かし、霜降りし、冷水にとる。酒八方に昆布をさし、漬ける。

鯖酒舟《こがし》漬

生姜当座煮きらず和へ　レモン

①サバの上身に一晩べた塩をする。水洗いし、水気をきる。
②戻し麹５合、酒２合、湯冷まし少々を合わせ、麹がひたひたになる位の床を作り、①のサバを1週間程漬ける。塩が抜け、なじんだら、取り出して切り身にする。串を打って、焼く。

[あしらい]
①ショウガの千切りを水に晒し、絞ってザルに広げて陰干しする。酒と共に鍋に入れ、煮立ったら味醂を加えて弱火にし、白醤油で詰め煮する。おからを水漉しし、二枚鍋で空煎りする。霧吹きで甘酢を吹きつけ、煎り上げる。ショウガと和える。

鯖南部焼

にしき木

①サバを三枚におろし、上身にし、薄塩をあてておく。味醂1、濃口醤油0．8、酒0．2、砂糖0．2を合わせ、2時間漬ける。

②引き上げて、身の方に胡麻をふりかけ一夜干しにする。切り身にし、串を打ち、焼く。

[あしらい]

①ダイコンおろしに、もみ海苔、おろし山葵、鰹節を混ぜ合わせ、醤油で味を整える。

鯖黄味卸し焼

茗荷芥子酢味噌和へ

①塩サバをおろして、上身にする。酒塩に漬ける。

②切り身にし、皮を上にして串を打ち、しっかりと地焼きする。

③細かい目でおろしたダイコンの水気をきり、煮切り酒、卵黄、味醂、淡口醤油を合わせる。この黄味おろしタレを2～3回かけて焼き上げる。

[あしらい]

①酢取ミョウガを芥子酢味噌で和える。

秋刀魚腸香焼

紀州膾

①新鮮なサンマを水洗いし、胸ビレごと頭を落とし、腹を開けて腸を取る。中骨の血合いをよく水洗いし、三枚におろし、上身とする。腹骨をすき小骨も抜く。
②取り出した腸に薄塩をあて、裏漉しの上に置き、酒をまわしかけ、水分をきっておく。
③②の腸を刃叩きし、裏漉しにかけ、柚庵地と合わせて地とする。
④上身にした①のサンマを③の地に漬ける。引き上げ、両褄折に串を打ち、焼く。漬け地を2〜3回かけて焼き上げる。

［あしらい］
①切り干しダイコンをぬるま湯に漬けて戻す。戻ったダイコンの水気を絞り、戻し汁1、酢1、淡口醤油1、味醂0．5を合わせ、ダイコンを漬ける。
②引き上げて温州ミカンを和える。

秋刀魚塩焼

おろし　酢立

①サンマのウロコをかき、水洗いし、頭、尾を落とす。腹の部分から頭に向かってもみ出すようにしてウロコを押し出す。
●サンマの消化器の中にウロコが入っていることがあるため。
②半分に切り、串を打ち、ふり塩して焼く。
③焼き上がりに中骨を少し引き出す。

秋刀魚蒲焼

紅生姜漬薄衣揚

①サンマを水洗いし、胸ビレごと頭を落とし（大名おろしでもよい）、背開きにする。中骨、腹骨をすき取り、小骨も抜く。
②適当な切身にし、小麦粉をまぶしつける。フライパンに油を引き、皮目から焼く。両面こんがり焼き、合わせダレ（濃口醤油2、酒1、味醂1、砂糖少々）でからめ、焼く。あがりに粉ザンショウをふる。

［あしらい］
①紅ショウガ漬けを薄切りし、薄衣で天婦羅にする。

鯧味噌漬

黒豆柚麹和へ

①マナガツオを水洗いして三枚におろし、上身とする。
②ふり塩し、身の水分を脱水させる。塩がまわったら、味醂で洗い、水分をとる。
③味噌床に関所漬けにし、3〜4日漬ける。
④取り出して、切り身にし、串を打ち、焼く。あがりに同割で合わせた酒、味醂を塗って仕上げる。

●焦げやすいので注意する。中火で焼く。

[あしらい]

①黒豆に炭酸塩をまぶす。還元鉄を水に溶き、沈殿させ上澄みを取る。その水を豆の5倍量入れ、一晩漬ける。皮のはぜた豆やしわの入った豆を除く。鍋に漬水ごと入れ、弱火にかけ、煮立ったら灰汁を取り、途中水を足しながら柔らかくなるまで煮る。
②加減を見て鍋止めし、冷めるまでおく。流水に晒し、再度豆を選別する。水分をきり、薄蜜に仮漬けし、甘みが浸透したら火にかける。
③灰汁抜きした本蜜を③の鍋と同じ温度に温め、そこに黒豆を移し替えて、煮る。上がりに醤油を落とす。
④煮上げた黒豆の地をきり、すりユズを合わせた麹に漬ける。

鯧尾身香煎干し

海苔

①マナガツオの切り身を料理に使った後に残った、尾の身を用いる。三角形の部分を縦に拍子木に切り、立て塩に漬ける。
②塩がまわったら引き上げ、水気をしっかりときり、おかきを細かくパウダー状にした物を軽くまぶしつけ、干す。
③金網に並べ焼く。炙って角切りした海苔を散らす。

鯧縁側風干し

骨煎餅

①マナガツオを水洗いし、三枚におろす。両端の縁側の所を切り落とす。一杯醤油に軽く浸し、風干しする。
②①を切り身にして網に並べ、焼く。途中、酒を吹きつけ、焼き上げる。

[あしらい]

①おろした際に出た中骨に塩をあて、しばらくおいた後、水に晒す。水気を拭き取り、串に刺して干す。
②背骨を切り落とし、低温の油でじっくり二度揚げする。揚がったらふり塩を軽くふる。

鯧杉板焼

鮑茸　銀杏　菊蕪

①マナガツオの上身を柚庵地に漬ける。
●片身漬けにする場合と、切り身にして漬ける時とで、時間、濃度を変える。
②そぎ切りの切り身にし、串を打ち焼く。
③アワビタケを適当に切り分け、柚庵地にくぐらせ天火で焼く。
④ギンナンを油で揚げて素塩をふる。
⑤②〜④を、柚庵地に浸しておいた杉板に松葉と共に挟み、天火で焼き、香りをつける。
●杉板に焼く前の素材を挟み、そのまま焼いて、火を通してもよい。蒸し焼き状態にするのでなめらかに火が入る。

[あしらい]
①カブの皮をむき、適当な厚さの輪切りにする。俎に置き、包丁目を入れ、立て塩に昆布をさし漬ける。後、甘酢で二度漬けする。タカノツメを入れる。
②漬かったら、裏側から適当に切り分け、包丁目を広げる。

鯧甘露漬

栗渋皮煮

①マナガツオを上身にし、サク取りし、強塩する。味醂で洗う。
②柔らかめに炊いた御飯に黒酒、麹を合わせ、冷ます。そこに①のマナガツオをどぶ漬けにし、1週間おく。
③取り出し、玉酒で洗い、切り身にする。皮目に包丁目を入れ、平串を打ち、焼く。黒酒を吹きかけながら焼き上げる。

[あしらい]

①クリの鬼皮をむきながらすぐさま水に漬けていく。鍋に移し、炭酸（重曹）を入れ、一煮立ちさせ、火を止め一晩おく。
②①のクリを水に晒して炭酸臭さを抜き、残っている渋皮の筋を竹串できれいにこそげ取る。ぬるま湯で洗い、再度クリを鍋に戻し、渋抜きのため静かに煮出す。火を止めてしばらくおく。
③流水に晒し、渋を抜く。水から上げ、岡上げし、空蒸しして蜜煮にする。2日位かけ、文火で煮含める。上がりに濃口醤油を落とし、味を締める。

目一鯛醤油香干し

小蕪ワイン漬

①メイチダイを水洗いし、かまを残し、三枚におろす。溜まり醤油1、醤油麹1、酒1の地に2時間漬け、吊るして干す。
②片褄折に串を打ち、焼く。
●腹身の脂ののっている所を使う。
[あしらい]
①小カブを葉付きのまま皮をむき、半割して水洗いし、砂や汚れを洗う。立て塩に昆布をさし、半日おく。甘酢に赤ワインを合わせ、漬ける。

目一鯛塩焼

フィンガーライム　塩花

①メイチダイを水洗いし、三枚におろし、サク取りし、薄塩して身を締める。
②串を打ち、ふり塩して、焼き、酒をかけながら仕上げる。
③フィンガーライム、フルール・ド・セルを添える。

鮟鱇味噌漬

焼葱　大根柚漬

①アンコウの上身に塩をあて、リードペーパーに包み、抜き板で挟み、軽く重石をかけて脱水させる。切り身にする。

②味醂で洗い、白粒粗味噌を甘酒でのばし、味を整えて床を作り、どぶ漬けにする。白ネギも共に漬ける。

③アンコウを引き上げ、串を打ち、焼く。ネギも脇で焼く。

[あしらい]

①ダイコンの皮をむき、拍子木に切り、塩でよくもむ。水気を絞り、甘酢にユズ皮を入れて漬ける。

鮟鱇揚焼

しし唐　レモン

①アンコウの胸ビレを霜降りし、ぬめりをよく取る。一杯醤油で洗い、水気をきり、小麦粉をまぶし、唐揚げする。

②串を打って、両面をこんがりと焼く。

[あしらい]

①シシトウは軸を切り落とし、中の種をそうじして素揚げする。好みでぽん酢卸しを添える。

鮟鱇味噌だれ焼

百合根唐揚　浅月

①アンコウの上身をそぎ切りし、柚庵地に20分漬けた後、軽く干しておく。

②アンコウの肝にある血管、汚れなどを取り除き、針打ちし、流水に晒して血抜きする。

③水気を拭き取り、強塩をあて、2〜3時間おき、再度水に晒す。程よく塩気が抜けたら、バットに昆布をひき、酒蒸しする。それを裏漉して、タレと混ぜ合わせる。

④①の柚庵地に漬けたそぎ身に串を打ち、焼く。八分《ぶ》通り焼き上げたところに、肝ダレを2〜3回かけ、焼き上げる。

[あしらい]

①大葉ユリ根を形よくむき、立て塩に漬ける。引き上げた後、蒸し器で蒸す。上新粉をまぶし、唐揚げする。

鮟肝照焼

焼蕪　山葵　浅月

①アン肝をそうじし、塩をあてる。水に晒す。水気をきり、形を整え、アルミホイルで巻き、蒸す。
②小分けに切り出し、小麦粉をまぶしてフライパンで焼く。三割ダレに白味噌を加えたタレで、照焼きにする。
③焼き上がったアン肝にアサツキをまぶし、タレをかける。
[あしらい]
①小カブの皮をむき、1㎝位の半月切りにして焼く。

銀鱈味噌醸し漬

芥子菜松前漬　はじかみ

①ギンダラを水洗いし、三枚におろし、上身にする。ふり塩し、リードペーパーで巻いて、重石を軽くかけ、水分を抜く。
●身のパサつきをなくし、しっとり仕上げるため、充分脱水する。
②味醂で洗い、切り身にする。白粒味噌を赤酒でのばし、練麹を加えた床に漬け、3日おく。串を打ち、弱火で焼く。
[あしらい]
①カラシ菜を水洗いし、ザク切りする。水気をザルで切り、塩もみし、流水で洗い、固絞りする。
②ニンジンの千切りを立て塩に漬ける。①と合わせ、細切り昆布、砂糖、白醤油、タカノツメを入れ、重石をし、漬ける。

鱈昆布〆焼

酢立

①タラを水洗いし、三枚におろし、上身とする。ふり塩し、脱水させる。
②切り身にして、煎り酒で洗い、酢拭きした白板昆布で挟み、昆布〆にする。
③②を短時間干して、串を打ち、酒をかけて焼く。あがりにとろろ昆布をのせて焦がさないように焼く。

親子包み焼

蕪餡　芽葱　ふり柚子

①タラの上身を切り身にし、ふり塩する。煎り酒で洗い、昆布〆にする。
②串を打って焼く。
③クモコをそうじし、立て塩に漬け、切り分ける。バットに昆布を敷き、酒蒸しする。
④吸地加減の出汁に、葛をひき、湯通しして、絞ったカブのすりおろしを混ぜて餡にする。
⑤②と③をパート・フィロで包み、オーブンで焼く。器に盛り、蕪餡をかける。

雲子柚釜焼

雲子　蒸葱　葛切り　ポン酢

①大きめのユズを用意し、天を切り取る。中身をきれいに取り出し、水に漬ける。
②引き上げて水気をきり、内側もしっかり水分を拭き、刷毛で片栗粉を塗っておく。
③クモコを醤油焼にしたもの、蒸しネギ、戻して出汁にくぐらせた葛切りを②の柚釜に盛る。
④薄葛の蕪餡を張り、焜炉で焼いてすすめる。ポン酢をかける。

雲子醤油焼

打葱　一味唐辛子

①タラの白子を氷水に漬け、洗う。黒膜や汚れを除き、適当に切り分け、水気をきる。
②小麦粉をまぶし、多めに油をひいたフライパンで、両面焼き色をつけて焼く。
③フライパンの粗熱をとり、濃口醤油をまわしかけ、からめ焼く。
●小麦粉を打った後、油で揚げてから、天火で醤油を塗りながら焼いてもよい。
④器に盛り、打ちネギ、一味トウガラシを天盛りする。

鰊重ね焼

凍大根　木ノ芽　松露椎茸あちゃら

①ニシンを水洗いし、三枚におろし、上身とする。小骨を抜き、薄塩した後、柚庵地に漬ける。
②適宜に切り出し、串を打ち焼く。
③凍ダイコンを水に浸して戻し、昆布出汁、酒、味醂、淡口醤油で昆布蓋をして、含め煮にする。
④③の凍ダイコンをへぎ切りにし、焼き上げたニシンと交互に重ね、天火で焼く。

［あしらい］
①シイタケの軸を取り、砂糖水に漬ける。ガーゼで松露状に絞り、たこ糸でしばり、冷凍する。凍ったまま鍋に入れ、昆布出汁でゆがく。
②茹で汁1、米酢1、味醂0.5、濃口醤油0.5を合わせた中に、①の松露椎茸のガーゼをはずして漬ける。タカノツメの種を抜き、共に漬ける。

鰊子巻焼

菜花と蕪の昆布納豆和へ

①子持ちのニシンから傷めないように子を取り出し、水洗いし、三枚におろす。骨抜きで小骨を抜き、柚庵地に漬ける。子も漬ける。
②身を片開きにし、子を巻き、串を打って焼く。
[あしらい]
①菜ノ花をそうじし、炭酸塩をまぶしつけ、しばらくおいた後、水洗いして、銅鍋で色よくゆがく。酒八方に漬ける。
②カブは短冊切りにし、立て塩に漬ける。菜ノ花とカブを合せ、細昆布で和え漬ける。漬かった後、スダチの絞り汁を合わせる。

鰊糀麹漬

いぶりがっこ粕和へ

①ニシンを水洗いし、三枚におろす。小骨を抜き、ふり塩し、30分おく。
②酒で洗い、糀麹に2日漬ける。平串を打ち、焼く。
[あしらい]
①いぶりがっこを千切りにし、酒粕に白味噌を合わせ、和える。

子持鰊一夜干し

染卸し　酢立

①子持ニシンのウロコを取り水洗いする。頭だけを落とし、子を傷めないように内臓を取り、水洗いする。
②立て塩に2〜3時間漬け、尾の方に串を打ち、一夜干しにする。皮目に包丁を入れ、串を打ち、酒をかけながら焼き上げる。

[あしらい]

①ダイコンおろしの水気を軽く切り、醤油で染卸しにする。

はたはた一夜干し

蕪昆布和へ　酢立

①ハタハタのエラを抜き、内臓を取り、水洗いする。立て塩に1時間漬けた後、尾に串を通し、一夜干しにする。
②うねり串を打ち、腹に包丁目を入れて、酒をかけながら焼く。

[あしらい]

①小カブを拍子木に切り、立て塩に漬けて、水気をきる。昆布の佃煮の細切りと和える。

はたはた魚醬漬

榎茸とんぶり和へ　酢立

①子持ハタハタを求め、水洗いして、ぬめりを取る。頭を落とし、腹子を傷つけないように内臓を取り、水洗いする。
②水気をきり、魚醬と煮切り酒を1対3で合わせ、そこにハタハタを一晩漬ける。
③尾を落として、半分に切り、串を打って、焼く。途中酒をかけながら焼く。

[あしらい]
①エノキ茸を2㎝位に切り、酒塩で洗う。水気をきって天板に広げて焼き、冷ます。
②トンブリはさっと霜降りし、岡上げする。八杯出汁に地漬けする。

はたはた味噌田楽

黒皮茸麹和へ

①ハタハタを水洗いし、頭と尾を落とし、そうじする。立て塩に30分漬ける。
②水気をきって串を打ち、焼く。八分《ぶ》通り焼き上がったら、赤・白玉味噌の甘さ控えめの味噌を塗り、焼く。

[あしらい]
①クロカワタケの塩漬けを求め、3度茹でこぼし、水に晒す。塩が抜けたら、空蒸しし水分をとばす。甘八方でじっくり焚き上げ、麹で和える。

ふぐ一味焼

焼椎茸　金柑

①フグのアラ、上身を適当な大きさに切り分けて、一杯醤油で洗う。

②串を打ち、焼き上げ、一味トウガラシをふる。

【あしらい】

①シイタケは、軸を取り、酒塩で洗ってから強火で焼く。

②キンカンに無数の針打ちをし、塩を入れた米のとぎ水に一晩漬ける。

●針打ちの替わりに包丁目を入れても良い。

③翌日引き上げて、新しいとぎ水と共に鍋に入れ、静かにゆがく。水にとり、2〜3日流水に晒し、岡上げして水気をきる。再度さっとゆがき、水にとる。ザルに上げ、蜜で焚き、含ませる。

●葉付金柑で葉を色よくあげるには、針打ちした後、銅鍋で葉の部分だけを、色出しし、冷水にとる。後は同様にする。

ふぐ焜炉焼

酢立

①フグのアラを、酒3、醤油1と合わせ、焼ネギを入れて火を入れ、冷ます。この地に、アラを20分漬けておき、焜炉で炙る。

②別にスダチ、一味トウガラシ、漬ダレを添える。

ふぐ唐墨焼

千社唐芥子麹和へ

①フグの上身を厚めのそぎ身にし、玉酒、塩、砂糖を合わせた地（玉川地）に漬ける。

②地から引き上げ、串を打ち、焼く。上がりにこし抜きした卵白を塗り、唐墨粉をふりかけ、炙る。

［あしらい］

①チシャトウを5㎝長さに切り、円柱にむき、炭酸塩水に漬ける。銅鍋で色よくゆがき、冷水にとる。水気をしっかりきり、立て塩に漬ける。塩が浸透したら、芥子麹にどぶ漬けし、2日おく。

ふぐ白子醤油焼

柚子　芹柚酢浸し

①フグの白子をそうじし、水に晒し、水気をきる。適当に切り出し、串を打ち、焼く。
②一杯醤油を2回かけて焼き、器に盛り、ユズの皮を天盛りする。

[あしらい]

①セリを水洗いし、銅鍋で色よくゆがき、冷水にとる。水気をきり、酒八方に漬ける。
②酒八方にユズ酢、淡口醤油で味を整え、①のセリを二度漬けする。

ふぐ焼白子身一夜干し

芽葱　ポン酢餡

①フグの上身を一杯醤油で洗い、串に刺し、吊して半干しする。
②適当に切り身にし、網で炙る。
③白子をそうじし、水に晒して、串を打ち、ふり塩して焼く。
④器に一夜干しを盛り、ポン酢に葛でとろみをつけたポン酢餡をかけ、その上に焼白子をのせて、芽ネギを添える。

ふぐ鉄皮巻焼

白菜芯柚酢漬

①フグをばらし、鉄皮、とおとうみを用意する。鍋に湯を沸かし、霜降りする。

②鉄皮を外側に、内側にとおとうみを重ね、アサツキを芯にして巻く。串を打ち、たこ糸でとめる。下焼きしてから、若狭地を3回かけて焼き上げる。

③少し落ちつかせてから、串を抜き、切り出す。

[あしらい]

①ハクサイの芯の部分を拍子木に切り、霜降りし、岡上げする。塩をふり、冷ます。甘酢にユズの輪切り、タカノツメと共に漬ける。

鰤かまくわ焼

毬蕪　人参　針唐辛子

①ブリのカマを食べやすい大きさに切り、皮目に細かく包丁で切り込みを入れる。片栗粉をまぶしつけ、油をひいたフライパンで焼く。途中出てきた油をよく拭き取り焼いていく。

②火が入ったら一度取り出し、フライパンをきれいに拭き、カマを戻し入れ、くわ焼きの地（煮切り酒1、味醂1、濃口醤油0.5）を入れ、焼く。

[あしらい]

①カブ、ニンジンを毬にむき、一度ゆがいておき、カマと一緒に焼く。

鰤照焼

ハリハリ大根　卸し芋

①ブリを水洗いし、三枚におろし、上身とする。切り身にし、ふり塩する。串を打ち、下焼きする。沖タレを3～4回かけ焼く。

[あしらい]

①灰汁抜きし、おろしたツクネイモに、辛味ダイコンのおろし、レモン汁を合わせ、おろし芋にし天盛りする。

②守口ダイコンを米のとぎ水に一晩漬け、流水で洗い、水気をきる。煮切り酒、溜まり醤油、味醂の地に適当に切ったダイコンをタカノツメと共に漬ける。後、へいで針に打つ。

鰤練麹漬

酢蓮根氷餅　銀杏柴漬

①ブリの上身を切り身にし、薄塩する。練麹に2日漬ける。

②串を打ち、焼く。あがりに酒、味醂を同割で合わせた地を塗る。

[あしらい]

①酢レンコンを雪輪に包丁し、氷餅をまぶす。

②むきギンナンを炭酸塩でゆがき、水に晒す。水からあげ、水分を拭き取り、紫蘇漬けの梅干しの漬汁に2～3日漬けておく。

鰤蕪焼

焼しめじ　壬生菜浸し　焼皮　柚子　酒出汁

①ブリを水洗いし、三枚におろし、上身にする。
②皮を厚めにすき取る。皮にふり塩して焼く。
③上身を切り身にし、ふり塩しておく。串を打ち、焼く。
④カブのすりおろし、酢1、出汁2、淡口醤油、味醂で味を整え、卵白のメレンゲを加えたものを③にかけて焼く。
【あしらい】
①焼シメジと、ミブ菜のお浸し、焼皮、ユズの輪切りを添える。
②出汁に煮切り酒を同量合わせ、吸地加減の味をつける。

鰤味噌漬

晒し葱　青味大根唐墨よごし

①ブリの上身を切り身にし、ふり塩して、脱水させる。味醂で洗い、味噌漬けにする。
②串を打ち、弱火でじっくり焼き、あがりに酒、味醂を塗る。
【あしらい】
①青身ダイコンを程よい長さに切り、皮をむき、葉もそうじする。葉の部分だけ、湯で色出しする。昆布で挟み昆布〆した後、根の部分に唐墨粉をまぶす。

鰤葱巻焼

奈良漬卸し和へ　柚子粉

①ブリの上身にしっかり目に塩をあてる。
②適当な幅に切り出し、観音開きにする。割り切りして、酒塩に漬けた白ネギを巻いて串を打ち、酒をかけながら焼く。

[あしらい]
①シロウリの奈良漬けをあられ切りにし、煮切り酒で洗う。ダイコンおろし、ユズ酢を入れ和える。
②ユズの皮を干しておき、細かく粉にしたものをふりかける。

●ネギと共に柚庵地に漬けて巻いて焼く、難波焼にしてもよい。

鰤醤油麹漬

焼大根　銀杏寄揚　柴牛蒡

①ブリの上身の皮をひいて切り身にし、薄塩をあてる。醤油麹に一晩漬ける。
②串を打ち、焼き上げる。焼き上がりに、醤油麹を1回かけ仕上げる。

[あしらい]
①ダイコンの皮をむき、適当に乱切りし、フライパンで焼き上げる。
②ギンナンを半切りし、薄衣で寄揚げにする。
③ゴボウを細かいささがきにし、水に晒す。水気をしっかりときり、中温の油で揚げる。

鮪皮木ノ芽焼

姫筍酢漬

①マグロの皮目をバーナーで炙り、冷水にとる。ウロコをしっかり取り、流水で洗う。
②水気を拭き取り、さらしで小口に巻き、その上から巻き簾で巻き、たこ糸できつく締める。鍋に入れ、糠ゆがきをし、鍋止めする。
③冷ましてから、清湯をし、水でさらす。巻き簀、さらしをはずし、冷えた状態で串を打つ。
④酒、味醂、濃口醤油を合わせて火入れし、冷ました後、卵黄を加えてタレにする。
⑤3回かけ焼きする。上がりに叩木ノ芽をふる。

［あしらい］
①姫タケノコを皮付のまま直火焼きし、皮をむく。輪切りにし、割甘酢に漬ける。

鮪塩焼

辛味大根　鶉玉　山葵　葱　生醤油

①マグロのカマトロの部分の身を切り出し、切り身にする。串を打ち、ふり塩をして強火で焼き上げる。
●火を入れすぎない。
②辛味ダイコンをおろし、天盛りし、ウズラの卵の卵黄を盛る。
③器に生醤油を塗って盛る。

鮪照焼

納豆煎餅　揚大葉

①マグロのトロ身の部分を小串に切り出し、串を打って下焼きする。
②焼ダレ（酒、味醂、濃口醤油を同割で合わせ、煮詰める）に卵黄を加えて3回かけ焼きする。
●卵黄でタレののりを良くする。

[あしらい]

①納豆をザルに入れ氷水で洗い、ぬめりを落とす。水気をきり、刃叩きする。餅粉、上新粉を適量合わせ、椿の葉に塗りつけ、乾燥させて油で揚げる。
●揚げると椿の葉から自然にはずれる。軽くふり塩する。
②大葉を針に打ち、低温の油で揚げて天盛りする。

倒《こか》し漬

柿粕漬

①フナを水洗いし、三枚におろす。皮目を下にして骨切りする。ふり塩して30分おく。それをぬる燗で洗い、固めの甘酒に2〜3日漬ける。
②取り出し、串を打ち、弱火で焼き上げ、冷ます。
③白玉味噌を甘酒でのばしたものに再度漬け込む。

[あしらい]

①柿の皮をむき、立て塩に漬ける。水気を拭き取り、味醂粕にどぶ漬けする。

鮒麹漬

干しめじ煎煮

①フナを水洗いし、三枚におろす。皮目を下にして骨切りする。強塩をあて、30分おく。ぬる燗で洗い、3日位麹（戻し麹に白味噌を合わせる。甘酒を加えても良い）に漬ける。

②漬けたフナに曲げ串を打ち、焼き上げる。あがりに、味醂を酒で割ったものを塗る。

［あしらい］

①干シメジをぬるま湯で戻し、水気をきる。鍋に油をひき、干シメジを炒め、甘酒、淡口醤油で味をつけ煎煮する。

鮒柚庵焼

田芹胡麻浸し

①フナを水洗いし、三枚におろす。ぬる燗に浸した後、骨切りし、柚庵地（赤酒1、濃口醤油1）に40分漬ける。

②引き上げて平串を打ち、皮目から焼き、焼き上げる。

［あしらい］

①田ゼリをそうじし、色よく銅鍋でゆがき、冷水にとり、酒八方に仮漬けする。

②擂り鉢に煎り胡麻を入れてすったところに、旨出汁八方地を入れ、胡麻地を作る。

③仮漬けした田ゼリを適当に切り、浸す。

諸子けし焼

畑菜胡麻芥子和へ

①モロコに踊り串を打ち、添え串を打ち、白焼きする。頭のほうをしっかり焼く。

②香ばしく焼き上がったら、タレ（酒3・味醂1・淡口醤油1）を3回かけて焼き上げ、あがりにケシの実をふる。

●時期により叩木ノ芽をふりかけ、木ノ芽焼きにしてもよい。

[あしらい]

①ハタケ菜をそうじして、色よく銅鍋でゆでる。冷水にとり、水気を絞り、酒八方に漬ける。

②練カラシ、当り胡麻、白味噌、砂糖、濃口醤油を合わせて味を決め、煮切り酒で少しのばす。

③ハタケ菜を切り揃え、②の胡麻芥子をかける。

諸子素焼

木ノ芽酢

①俎を充分に塗らしてモロコに平串を打つ。

●ウロコがはがれるのを防ぐため。

②酒塩をふりかけて焼く。途中頭がよく焼けるように、火をあてる角度を調整する。

③米酢1、昆布出汁1、塩少々にむしり木ノ芽を加える。

④器に②のモロコを盛り、③の木ノ芽酢をかける。

焼物の心構え

火加減について

「焼く」は、料理を構成、提供するなかでも、要となる加熱調理法。熱効率のうえでも、素材の持ち味を生かすうえでも、もっとも適しているといえる。

材料（素材）の表面と内部の温度差が大きく、火入れの加減（火加減）が重要となる。それにはまず、熱源の選び方、火からの距離、焼き上げる時間に気をつけること。

魚介類、肉などの動物性の素材は、強火で短時間で焼き上げる。ただし強火でも、「強火の遠火」から「強火の中火」「強火の近火」まであり、それぞれに合った加減を選ぶ。

一方野菜類のイモやカボチャなどは、弱火から始めて温度を上げて長時間焼くとでんぷん分解酵素（アミラーゼ）の作用により、甘み、旨みが増すといったことも知っておきたい。

焼き方の種類

日本は季節の寒暖差、四季の移り変わりにより、その時季時季で、旬の素材が手に入る。その素材の持ち味を活かし、その時季にあった調味と添え味のあしらい、つけ合わせを考え、歳時、しきたりを加味し、器との調和を図る。素材の厚み、肉質、串の打ち方、下ごしらえ（塩のあて方、脱水の仕方）、調味など、仕上げの焼き色（焦げ目）、香りが、焼き物として最高の状態で提供できるよう、心がけたい。

調味、下ごしらえにおいては、活けの素材か冷凍か、鮮度のよしあしで、塩焼き、かけ焼き、照り焼き、地漬け、床漬け、干物にするなど、見極めが大切となる。

焼き方に関しても、五行思想に基づくと次のように分かれると言われている。

木：杉板、青竹など。

火：直火。

土：石・塩釜、陶板など。

金：フライパン、鉄板、鋤、金網など。

水：材料を水や出汁に入れて、天火で上面を焼く。

その他、オーブン、真空調理、宝楽、燻しなど、多々ある。

なお本書では主に天火（上火）を熱源とする加熱法を中心に料理を仕上げている。その場合、天板に水を張って蒸気を与えて保湿したり、逆にアルミホイルを敷き、輻射熱で乾焼したりといろいろ加減している。

貝・甲殻類ほか

帆立磯香焼

アオサ海苔
一杯醤油

①ホタテの身を殻からはずし、ヒモ、貝柱、肝とに分け、塩水で洗い、水気をきる。
②先のヒモ、肝、貝柱を適宜に切り、殻に盛る。天火で焼き、一杯醤油をかけて焼く。あがりにアオサノリを盛り、強火で一気に焼く。
●焼きすぎると身が固くなるので注意する。鮮度によっては、先に肝に火を入れておく。

帆立伝宝焼

百合根　椎茸　銀杏
貝柱　銀餡

①ホタテの貝柱を適当な大きさに切る。
②ユリ根をさばき、そうじして、塩蒸しする。
③シイタケは、軸をとり、冷凍する。昆布出汁、酒、味醂、濃口醤油、砂糖で含め煮にし、適宜に切る。
④ギンナンの鬼皮をむき、炭酸塩水で下茹でし、水にさらす。
⑤器に具材を入れ、豆腐1、卵1、出汁1に塩、味醂、淡口醤油で味をつけた伝宝地を入れ、200℃のオーブンで12分焼く。

帆立雲丹焼　からすみ焼

菜ノ花浸し
栗豆

①ホタテを2つ用意し、貝柱を殻から取り出して、白い筋をそうじする。
②串を打ち、ふり塩し、両面を強火で中心部を半生状態に焼き上げる。
●塩を吸収しやすいため、焼く直前に塩をあてる。
③表面に卵白を塗り、ウニと粉カラスミをそれぞれ盛り、強火で炙り仕上げる。ウニの方には三杯醤油を塗る。

［あしらい］
①菜ノ花をそうじし、炭酸塩水に浸す。銅鍋で色よくゆがき、冷水にとり、晒した後水気をきり酒八方に地漬けする。のち八方出汁に漬け替え、鰹蓋をし、味を含ませる。
②クリ豆を3倍量の水に一晩浸す。蓋付の鍋に入れ、ひたひたに水を張る。中火で沸かし、湯を捨てる。再度水をひたひたまで加え、中火で火を入れ、弱火にし、豆を踊らせないように戻す。栗のような食感に戻ったら、砂糖を数回に分けて入れ、あがりに醤油を落とし、煮含ませる。
●クリ豆は北海道十勝地方在来のインゲン豆。煮崩れするのが早いため、戻す時に豆を絶対に踊らせないこと。

帆立菜種焼

惣芽田楽

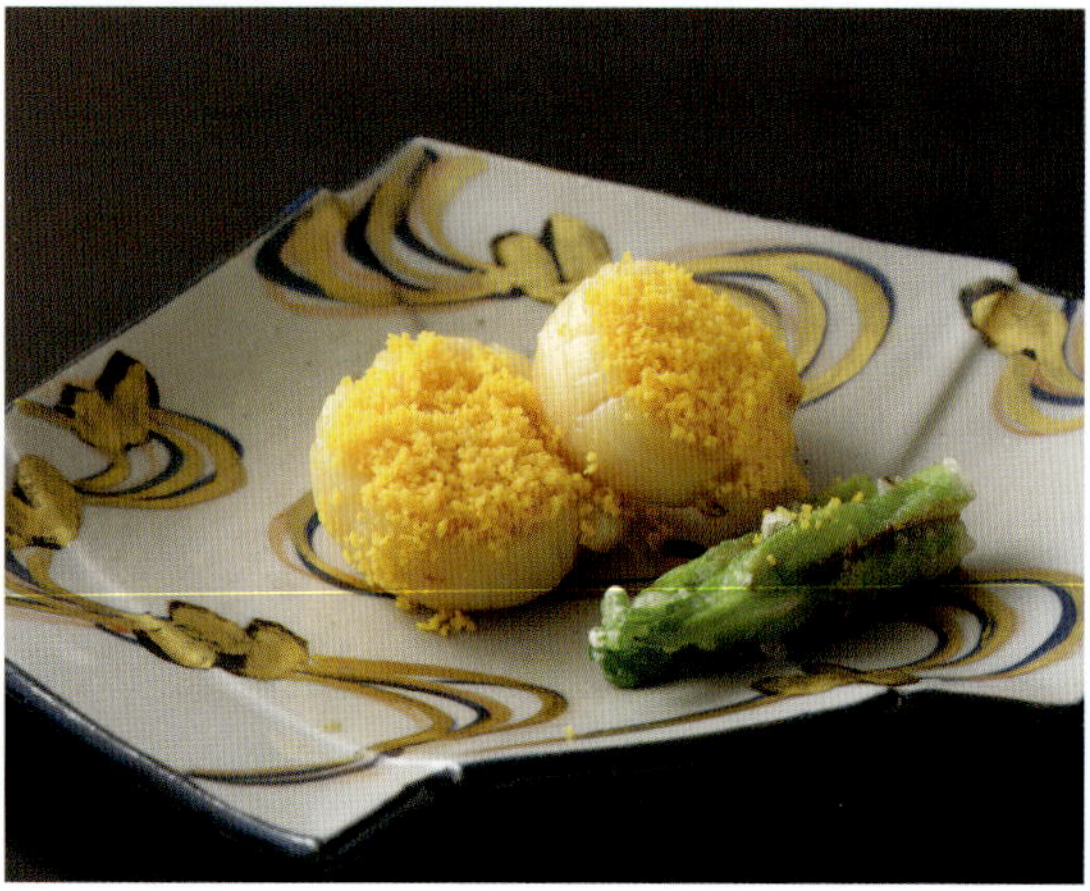

①ホタテの貝柱に薄塩をあて、味噌漬けにする。白粗味噌を甘酒でのばした床に漬ける。

●甘酒を使うのは、砂糖や味醂を入れ、長時間漬けると、身がしまるため。

②①の貝柱に細串で串を打ち、中火でじんわり焼く。

③焼き上げて少しおちつかせ、表面に卵白を塗り、煎玉子をまぶし、軽く炙る。

【あしらい】

①タラノメのはかまをそうじし、薄衣で揚げる。半分に割り赤玉味噌を挟む。

赤貝味噌漬

浅月膾

①アカガイの身を開き、ふり塩して、白粗味噌を赤酒でゆるめた漬床で味噌漬けにする。

②アカガイの裏面に小川包丁を入れ、直火でさっと炙り焼きにする。

③アサツキを霜降りし、岡上げし、焼揚げと共に酢味噌（白玉味噌を米酢でのばし、淡口醤油で加減し、練りカラシを入れる）で和える。

●山椒焼（三割ダレに山椒を加えて漬ける）などにしてもよい。

蛤宝楽焼

松露椎茸　レモン

①ハマグリの蝶つがいをはずし、殻の上に卵白を塗り、塩をまぶして宝楽に並べる。蓋をして蒸し焼きする。

［あしらい］

①小粒のシイタケを松露状にしたものを、塩焼きする。

蛤磯香焼

雲丹霞揚

①殻からハマグリの身を取り出し、固い部分に包丁目を入れ、殻に戻す。天板にアルミホイルで台を作り、蛤をのせ、ふり塩して、酒をふりかけ焼く。

②岩海苔を上にのせ再度焼く。

●殻からはずしたときの汁も戻し入れる。

［あしらい］

①ウニをオブラートで包み、油で揚げる。

蛤黄味醤油焼

羽二重酢　木ノ芽

①殻から身を出し、串を打つ。蛤殻スープ（鍋にハマグリの殻、昆布、酒を入れじっくり煮出し、漉す）3、淡口醤油0．5、卵黄の地を合わせ、3回かけ焼きする。

●近火で一気に焼く。焼きはじめから地をかけ、蛤に地をまとわせるようにする。

［あしらい］

①卵白を泡立て器で充分に泡立てて、沸騰させた甘酢を徐々に加えて、手早くかき混ぜるとむらのないきれいな羽二重酢となる。あがりにレモン汁を加える。

鳥貝炙り焼

割醤油　叩木ノ芽　浜防風浸し

①トリガイを殻からはずし、俎にラップ紙を敷いた上で切り開き、そうじして、軽く塩水で洗う。黒い部分を傷めないように、水気を拭く。

②さっと炙り焼きにし、煮切り酒2、濃口醤油1の割醤油をかけ、叩木ノ芽をふりかける。

［あしらい］

①浜ボウフウをさっとゆがき、岡上げし、酒八方に漬ける。

鮑麹漬生干し

荒芽肝煮　金箔

①アワビをたわしでみがき、殻からはずす。

②身を上身とし、練麹に一晩漬ける。半日陰干しした後、天火で軽く炙る。

●アワビを焼きすぎないようにする。

[あしらい]

①アラメは水に漬け戻し、砂汚れを取る。

②アワビの肝をゆがき、裏漉しする。アラメと共に鍋で少し油を加え煎煮する。黒酒、醤油、昆布出汁で味を整え、煮る。

③②を器に敷き、アワビを盛り、天に金箔を散らす。

鮑としろ焼

十六島海苔　肝葱バター焼

①アワビを上身にし、肝と身に分ける。身の柱側より包丁目を入れ、串を打ち、上火より強火で下焼きする。

●焼きすぎないこと。

②としろ（鮑肝塩辛）を包丁で刃叩きし、酒でゆるめ、先のアワビにかける。ウップルイ海苔をまぶし、焼く。

[あしらい]

①肝はボイルし、輪切りにする。小麦粉をまぶし、フライパンでバター醤油焼きする。打ちネギをからめる。

鮑昆布包み焼

肝酢

①アワビを水洗いし、殻からはずし、肝と身を分ける。身をそぎ切りする。
②アワビの殻に少し戻した真昆布を敷き、アワビの身を盛り、酒をふりかける。昆布で包み、殻で蓋をし、竹皮で結ぶ。
③180℃のオーブンで20分程焼く。
④肝は霜降りし、擂り鉢ですり、濃口醤油、米酢の順に味をつけ、肝酢として添える。

鮑肝だれ焼

焼アスパラ

①アワビを殻からはずし、角切りにする。
②小麦粉をまぶし、フライパンでバター焼きにする。
③ボイルした肝を裏漉しし、フライパンの焼き油と醤油、酒で加減し、肝ダレを作る。
④先のアワビに串を打ち、③のタレをかけて焼く。
[あしらい]
①アスパラは串を打ち、塩焼きにし、前盛りする。

さざえつぼ焼

人参　独活　三ツ葉

①サザエの身を取り出し、身とワタに分ける。身からフタをはずし、そうじする。
②取り出したサザエの身を適当に切り、下煮したニンジン、ウド、三ツ葉と共に殻に入れる。
③伊勢エビのスープ（頭を半割りにし、尾や足などの殻と共に鍋に入れ、昆布出汁、酒を注ぎ、煮出した後、漉す）4、濃口醤油1、味醂0．5の合わせ出汁を注ぎ、焼く。
●伊勢エビがなければ昆布出汁に酒を加えたものでもよい。
●焜炉で焼きながらすすめてもよい。

牡蠣柚子釜焼

銀杏　百合根

①大粒のカキを、ダイコンおろしと共にボウルに入れ、もみ洗いし、汚れを取る。水洗いした後、立て塩に漬け、水気をきる。
②カキを霜降りして醤油洗いする。
③ユズで釜を作り、内側に片栗粉を打つ。ユリ根、ギンナン、カキを盛り入れ、柚子味噌にオイスターソース、煮切り酒でのばした味噌を釜に入れて天火で焼く。

牡蠣南蛮味噌焼

黄ニラ

①殻つきガキを用意し、殻からはずし、身を洗う。
②霜降りし、水気をきり、適当に切り、殻に戻し入れ、南蛮味噌をかけて天火で焼く。

[あしらい]

①黄ニラをサッとゆがき、刃叩きして、天盛りする。

牡蠣磯辺巻

葱酒盗焼

①カキをそうじし、水気をきる。
②酒盗地に15分位漬ける。2〜3粒を帯海苔で束ね、天板に並べて焼く。
③ネギの小口切りを酒盗地と合わせ、②にのせてさらに焼く。

牡蠣昆布焼

柚子

①そうじしたカキを霜降りし、水気をきる。酒で拭いた昆布の上に並べ、30分おく。
②天火で焼いて、割ポン酢を一刷毛塗り、輪切りユズをのせる。

牡蠣玉汁焼

吉野餡　あられ柚子

①そうじしたカキを一杯醤油で洗い、水気をきってから、小麦粉をまぶし、唐揚げする。
②器にカキと焼いたネギを入れ、玉汁（出汁2、卵1、淡口醤油、味醂少々で味を整える）を張り、天火で焼く。
③銀餡を張り、あられユズを天盛りする。

牡蠣醤油麹オイスター焼

揚牛蒡

①カキのむき身をそうじし、水気をきる。
②醤油麹1、煮切り酒1、オイスターソース0．5を合わせ、カキを一晩漬ける。天板に並べ、焼く。

［あしらい］
①ゴボウを適当に切り、縦にスライスし、水に晒し、水気をきる。
②中温の油で揚げる。

牡蠣松葉焼

カボス

①カキのむき身の汚れをそうじし、立て塩で洗う。水気をきる。
②小さめの宝楽に松葉を敷き、そこにカキを並べ入れ、酒塩をふりかけ、焼く。

雲丹舟昆布焼

太白とろろ

①生ウニと塩昆布を身を崩さないように和え、酒、昆布出汁を加える。
②舟昆布に盛り、天火で焼く。
③太白トロロ昆布を天盛りする。

雲丹板焼

藻塩出汁餡　胡瓜もろみ味噌　酢立　山葵

①兵庫県淡路島産の板ウニを天火で表面だけ焼く。
②酒、昆布出汁を合わせ、淡路島の藻塩で味を整え、葛を引き、餡にし、①にかける。

［あしらい］
①キュウリにもろみ味噌を添える。

雲丹がぜ焼

昆布細切り　酢立

①殻付のウニを半割にし、可食部を取り出し、殻をきれいに洗う。
②酒塩を昆布出汁でのばし、ウニの可食部を洗う。殻に戻し入れ、昆布出汁をとった昆布を細切りし、天盛りする。焼きながら食べていただく。

●ガゼはウニの古称。塩や山葵、醤油を添えても良い。

雲丹玉汁焼

銀杏　三つ葉　針のり　銀餡

①器に醤油洗いした生ウニ、ギンナン、三ツ葉を入れ、玉汁（卵1、出汁3を合わせ淡口醤油、味醂で味を整える）を張り、天火で焼く。
②銀餡をかける。

烏賊くわ焼

菜ノ花浸し　叩木ノ芽

①紋甲イカの上身を用意する。5㎜間隔に斜め十文字に隠し包丁を入れ、裏返して、縦横十文字に隠し包丁を入れる。

●イカの身の厚さ1／3ずつ入れる。

②適宜な大きさに切り、三割ダレに10分漬ける。

③地を切り、片栗粉をまぶし、フライパンに油をひき、焼く。片面が五分《ぶ》程度焼けたら、裏返し、片面をさっと焼く。フライパンの粗熱をとってから、三割ダレを少しまわし入れ、からめる。

●焼きすぎると固くなるので注意する。

④器に盛り、叩木ノ芽をふりかける。

[あしらい]

①菜ノ花をそうじし、炭酸塩水に漬け、銅鍋で色よくゆがく。冷水にとり、晒して水気をきり、八方出汁に漬ける。

烏賊蝋焼

半生唐墨

①紋甲イカのむき身を用意し、薄塩をあてる。裏から縫い串を打ち、横に添え串をして、焦げ目がつかないように中火で焼く。

②卵黄を酒で少しゆるめ、刷毛でイカに塗り、極弱火で乾かすように焼く。3回程薄く塗っては焼く作業をくり返す。

●一度塗ったら、完全に乾かしてから重ね塗る。ムラができないようにする。

③半生に仕上げた唐墨をあしらう。

烏賊このわた焼

セロリ　葱　三ツ葉　浅地和へ

①紋甲イカの上身をさく取り、表面に鹿の子包丁を入れる。
②八ツ橋状にして末広串を打ち、コノワタを刃叩きし、煮切り酒、卵黄少々と、濃口醤油少々で合わした地をかけながら、焼く。

[あしらい]

①セロリを千切りし、ネギ油でさっと炒める。そこに白髪ネギ、軸三ツ葉を入れ、ふり塩して冷まし、スダチ汁をかける。

烏賊酒盗焼

行者葱醤油焼

①蛍イカの大きめのものを用意し、目玉、口、胴の軟骨をそうじする。酒盗地に漬け、串を打ち、強火で焼く。

[あしらい]

①行者ネギ（ギョウジャニンニク）を適宜に切り、フライパンに油をひき、煎焼きする。

蛸淡路漬

大豆干トマト煮

①タコを水洗いし、一度冷凍し、解凍してもみ洗いする。ぬめりを取り、霜降りする。

②練麹にタマネギのすりおろし、白味噌を同割合わせ、タコを2日程漬ける。引き上げて強火で焼く。

[あしらい]

①大豆を鍋で煎り、昆布出汁の中に漬ける。

②干トマトを水で戻し、引き上げ、みじんに刻む。

③鍋に大豆、干トマト、両方の戻し汁を入れ、じっくり煮込む。味醂、少量の醤油で味をつけ、地がなくなるまで煮含める。

蛸山椒焼

焼独活　木ノ芽　もち麦玉子巻

①タコを水洗いし、足をはずし、水気をきる。適当な大きさにそぎ切りし、フライパンに油を敷き、煎焼きする。

②フライパンの粗熱をとり、三割ダレに粉山椒を適量混ぜた山椒ダレをまわし入れ、素早くからめる。

[あしらい]

①ウドも同様に煎焼きする。

②沸かした湯に、モチ麦を入れ20分程煮る。煮えたらザルにあげ、洗って水気をきる。

③甘目に味をつけた薄焼き玉子で②のモチ麦を巻く。

焼生子

炙干子　紅白膾

①ナマコの腹に包丁を入れ、腸を出し、口先を落として、水洗いする。俎に玉砂利石とナマコを置き、ボウルで蓋をして、回し洗いする。その後、水洗いし、水気をきる。
②天板に並べて強火で一気に焼く。小口に切り出し、割ポン酢に漬ける。
[あしらい]
①半生の干し子を炙り、糸状にほぐす。
②ダイコン、ニンジンを短冊に切り、立て塩に昆布をさし、甘酢に漬ける。

車海老雲丹焼

胡瓜芥子醤油麹

①車エビの背ワタを竹串で刺して取り、つの字串を打ち、180℃の油で油霜する。
②冷水にとり皮をむく。
③八ツ橋状になるように細竹串を打ち、天板に並べ、こしを抜いた卵白を刷毛で一塗りする。
④ウニをのせ、炙る。あがりに一杯醤油を塗り、仕上げる。
[あしらい]
①花付キュウリに、醤油麹にカラシを混ぜ、熟成させた物を添える。

車海老油焼

頭唐揚　焼オクラ　焼水茄子　共味噌だれ　針山葵

①活車エビの頭と胴を分け、背ワタを抜き去る。胴を殻付のまま、180℃の油で油霜し、冷水にとる。殻をむき、ふり塩をして、直火で焼く。頭は甲をはずし、ミソを取り、唐揚げする。
②ミソは鍋で煎りつけ、海老殻出汁（頭と殻から昆布出汁で出汁をとり、塩、淡口醤油を加える）、煎り酒でのばして薄葛をひき、味噌ダレとする。

［あしらい］
①オクラを塩ずりして、色よく湯がき、焼く。
②水ナスを縦むきにし、油にくぐらせ、焼く。

車海老醤油麹焼

松の実　ブロッコリー軸味噌漬

①車エビの殻をむき、腹から開き、酒で洗い水気をきる。
②醤油麹に20分漬け、直火で炙り焼きする。煎った松ノ実を粗叩きし、天にまぶす。

［あしらい］
①ブロッコリーの軸を円柱にむき、炭酸塩水に漬け、水に晒す。色よく湯がき、水気をきる。
②煮切り味醂で洗い、味噌漬する。

うちわ海老炭焼

酢立

①ウチワエビを、半分に包丁で割り、全体にふり塩をし、炭火で焼く。

●身がしっかり詰まったもの、卵が入ったものが美味。

②ミソをからめながら、スダチを搾る。

うちわ海老あおさ焼

長芋山葵漬

①ウチワエビを上身にする。ミソをかき取り、若狭地と合わせ、そこにむき身を漬ける。

②串を打って焼く。八分《ぶ》焼き上がったら、こしを抜いた卵白を一刷毛塗り、アオサ海苔をのせ、焼き上げる。

［あしらい］

①ナガイモの皮をむき、酢水に漬ける。適当に切り出し、酢1、昆布出汁5、白醤油1、味醂0．5、塩少々で漬地を合わせ、山葵を溶き入れ、ナガイモを漬ける。

伊勢海老共汁焼

炙唐墨　花山葵粕漬

①伊勢エビの頭、殻を鍋に入れ、昆布出汁を加え、出汁をとる。酒、味醂、淡口醤油で加減し、煮出して漉す。冷まして、適宜に切り分けた伊勢エビの身を漬ける。
②串を打ち、地をかけながら焼く。炙り唐墨と重ね盛りにする。

[あしらい]
①花ワサビの軸をそうじし、適当に切り、ボウルに入れる。砂糖をまぶし、もむ。しばらくおき、そこに90℃位の湯を入れ、箸でかき混ぜ、冷水にとり、水に10分位晒す。
②水気をしっかりきり、酒粕に白味噌を合わせ、2日程漬ける。

伊勢海老酒盗漬石焼

楤芽味噌焼

①酒盗を鍋に入れ、酒を適量加え煮出す。それを漉して、酢を数滴落とし、濃口醤油、味醂少々で味を整え、極々薄く葛を引く。
●酒盗の塩分により酒、調味料を加減する。酢は臭みをとるため。
②伊勢エビを上身とする。適宜に切り分け、①の酒盗地に漬ける。地の中にオリーブ油を混ぜる。焼き石にのせてすすめる。

[あしらい]
①タラノメは、はかまをそうじし、銅鍋で色よく茹でる。伊勢エビの味噌に醤油を少し合わせて味噌醤油にし、タラノメを漬ける。
②細串で串を打ち、焼く。

伊勢海老鬼殻焼

叩木ノ芽　香茸けし和へ
独活酢漬

①伊勢エビを梨割りし、腸、頭の部分をそうじし、殻と殻の間を通して末広に串を打つ。
②ミソの部分に卵黄を軽く塗り、身の側から天火で焼く。
③裏返して焼き、味醂を控えた焼ダレ（酒1、濃口醤油1、味醂0．3を合わせ煮立てて冷ます）を2〜3回かけて焼き上げる。叩木ノ芽をふりかける。

●卵黄を塗ることで裏返した時、ミソの流れるのを防ぐ。
●ウニ焼、酒盗焼、ウルカ焼なども殻焼のまま仕立てる。

［あしらい］
①コウタケの干したものを用いる。ぬるま湯に漬けて戻し、3回茹でこぼす。水にとり、かさの裏毛をすき取る。
②鍋に入れ、玉酒、濃口醤油、味醂、溜り醤油、砂糖、タカノツメを入れて詰煮する。適宜に切り出し、ケシの実をつける。
③ウドの枝の部分を丸むきし、酢水に漬け、酢ゆがきしてから岡上げし、甘酢に漬ける。

毛蟹甲羅焼

酢立

①毛ガニを茹で、甲羅をはずし、カニミソをとる。
②身をほぐし、脚の部分は別に取り置く。
③外のほぐし身とみじんネギを混ぜ合わせ、玉子の素をつなぎにして、甲羅に戻す。脚の身を並べ、カニミソを盛って焼く。

毛蟹湯葉ふくさ焼

銀杏　三ツ葉　椎茸　味噌だれ

①毛ガニを茹でて、身をほぐす。
②ほぐし身と、揚ギンナン、焼シイタケ、トロロ少々を合わせ、それを湯葉で包み、天板に油をひいて、両面こんがりと焼き、甲羅に盛りつける。
③毛ガニの殻を鍋に入れ、昆布出汁を加えて出汁をとり、田舎味噌で味を整える。
④カニミソを③の出汁でのばし、タレを作る。

松葉蟹竹香焼

酢立

①松葉ガニの脚と爪に包丁目を入れる。
②青竹を割り、中に①を入れ、酒をふりかけて片方の竹で蓋をして、蒸し焼きにする。
③ある程度火が入ったら、蓋をはずし、天火で焼目をつける。
●松葉ガニに、竹と酒の香りを移す。

松葉蟹炭火焼

酢立

①松葉ガニを脚、爪、蕪身にばらし、殻をそいで焼く。
●強火すぎると殻だけ焦げるので注意する。

松葉蟹昆布焼

水菜柚香浸し　針柚子

①松葉ガニの脚を用い、殻をむき、上身にする。昆布の上にのせ、酒を吹きかけ、なじませる。
②軽く昆布〆にしてから、天火で焼く。
[あしらい]
①水菜をそうじし、色よくゆがき、冷水にとる。
②水気をきり、酒八方に漬ける。ユズ酢、淡口醤油で加減し、漬け直す。

松葉蟹甲羅焼

玉子豆腐　脚棒身

①松葉ガニの甲羅をはずし、中のミソをとる。
②甲羅を水洗いし、中をそうじする。そこに玉子豆腐を台にし、脚の棒身を盛る。
③白味噌をカニの殻のスープで溶き、先の蟹ミソと合わせ、甲羅に注ぎ入れ、天火で焼く。

塩のあて方

ふり塩

料理における塩の使い方の基本となるものが、ふり塩である。素材から30～40cmの高さ（尺塩という）から全体に塩をふりかける手法が一般的。

均一に散らすことが要であり、ミネラルを含んだ粗塩を鍋で煎り、“塩の目”を均等にして使う。手は乾いた状態で、指の“利き”で正確にふる。塩のふり加減で素材に対する味の決め手となるため、素材の鮮度、大きさ、厚み、ふり塩後にどう調味するかによって、加減が変わってくる。塩加減の種類は塩の量となじませ方により、中塩、強塩などがある。

塩焼きは、ふり塩の加減で味がそのまま決まるため、その加減をよく考えてふり塩する。だいたいの目安は、魚体量の3～4%をくらいとする。

紙塩

紙塩は、紙をかぶせて霧吹きで水分を含ませてから、その上から軽く塩をふる方法で、身の表面だけに均一に塩をなじませる手法である。キスやサヨリなどのように、身が薄く、柔らかい身質の素材に下味をつける際に用いられる。

酒塩

鮮度のよくない素材、または冷凍の卸し身や切り身などは、塩をあてて生臭みを抜く時間、塩の量なども多めにし、しっかりと水分を抜かなければ、漬け地や味噌床に漬けても上品な味付けにならない。

それにはふり塩で水分を抜いた後、酒塩に浸けて再度臭みを抜く方法がある。それから味付けに入る。

水　1升
塩　54g（約3%）
煮切り酒　3合
昆布　50g

水に塩を加えて昆布を入れ、火にかけ、昆布の旨みを充分に引き出した後、煮切り酒を加えて冷ます。

＊よく似たものに立て塩があるが、これは水に3～5%の塩を溶かしたもの。

肉

鶏献珍焼

粒マスタード餡　白髪葱

①鶏モモ肉を用意し、包丁で開き、厚さを均等にして、白粗味噌で味噌漬けする。

②卵4個でびしょ玉を作る。

③豆腐を1丁水切りし、鍋でパラパラに炒り、おろしたツクネイモを適量合わせ、②のびしょ玉と合わす。ニンジン、キクラゲ、シイタケを粗みじんに切り、煎煮して下味をつけたものを献珍地に混ぜる。

④味噌漬した鶏で献珍地を巻き、アルミホイルで巻き、串で数箇所穴をあけ、オーブンで焼く。ホイルをはずし、切り出して、器に盛る。

⑤鶏出汁に塩少々で味をつけ、粒マスタードを入れ、葛をひいて餡にする。

鶏塩焼

葱ザクザク卸し　ぬれ七味　塩　塩ぽん酢

①鶏モモ肉を正肉に切り出し、串打ちする。

②酒をふりかけ、ふり塩して、強火の近火で焼き上げる。切り出して器に盛る。

●小切りにして焼くと、旨味が逃げるため、焼いてから切り出す。

[あしらい]

①柚子酢1、酢1、味醂1、塩適量、昆布出汁1、淡口醤油、レモン少々にさし昆布する。好みで鰹節を加える。

②白ネギのザク切りをさらしで包み、もみ洗いする。ダイコンおろしと合わせ、①の塩ポン酢、レモン汁で味をつける。

鶏松風焼

千枚大根甘酢漬
山葵

①鶏肉のミンチ500gを用意する。半分量を(酒、濃口、味醂各10cc)三割ダレで炒る。擂り鉢に入れ、ヤマノイモ20g程度を入れ、肉がつぶれない程度に混ぜ合わす。卵1個を溶きほぐしたものを混ぜる。

②残りの半分量のミンチに卵黄1個分、濃口醤油、味醂各20cc程度、白味噌20g、酒20ccを入れ、先のミンチを少しずつ混ぜ合わせすり合わせる。レーズンに打粉をして混ぜる。

③流し缶にクッキングシートを敷き、油をひいて、生地を詰める。オーブンで焼き上げ、上蓋をして重石をかけて表面を平らにして冷ます。流し缶から取り出し、油をひいた天板に置き、表面に卵白を塗り、ケシの実をふりかけ天火で焼く。あがりに味醂を塗り、香ばしく、仕上げる。

[あしらい]

①ダイコンを薄切りし、立て塩に漬ける。水気を絞り甘酢に漬け、山葵と和える。

鶏たれ焼

葱たれ焼　芥子麹味噌

①鶏モモ肉を正肉にし、串打ちする。鶏肉に含まれる水分は少なく、遠火で焼くと焼き上がりがパサつき旨味が逃げるので、近火の強火で一気に焼き上げる。

②赤酒2、濃口醤油0.5、溜り醤油1にザラメを合わせ、煮詰める。

③②の鳥タレを3回かけて仕上げ、切り分ける。

［あしらい］

④ネギを酒塩に浸してから串を打ち、タレ焼きする。

⑤戻し麹に練カラシを加え、白味噌と合わせる。

手羽先南蛮焼

セロリ酢漬　針唐辛子

①鶏の手羽先の先を関節から切り落とす。

②手羽中の方を、昆布を敷いたバットに置き、酒蒸しにかける。

③熱いうちに骨を抜き、冷まして身を締める。

④③に串を打ち、鳥タレにみじんタマネギを合わせたタレで3回かけ焼きする。

［あしらい］

①セロリは、一本ずつはがして葉を切り捨て、細い先の方を切り取り、太い部分を使う。皮をむき、寸切りにして、強めに霜降りして甘酢に漬ける。

手羽先山椒焼

新じゃがの芥子煮

①手羽先の先を関節から切り落とす。昆布出汁、酒、塩、実山椒の青煮とともに真空袋に入れ、58℃で低温調理して火入れする。
②袋から取り出し、骨を抜き、串を打って、漬地をかけながら焼く。

●近火で手早く焼く。低温調理で加熱済みで、骨を抜いてあるので柔らかく食べやすい。また中に射込みものをして焼いたり、びんろうかけにするなど他の料理の下処理にしておくとよい。

[あしらい]

①新ジャガイモの土を洗い流し、水気をきり、鍋に入れ、手羽先の切り落とした先を加え、新ジャガイモと共に炒める。
②鶏出汁を入れ、酒、塩、淡口醤油、味醂少々で含め煮にする。冷ましてから、練りカラシを溶き入れる。

鶏山椒油漬塩焼

ぬれ七味　炭塩

①鶏モモ肉を適当に切り分ける。ふり塩をして山椒油（米油に灰汁抜きしたサンショウの実を入れて真空パックにかけ、香りを移したもの）に一晩漬ける。
②引き上げ、油をよく拭き取り、串を打って皮目を下にして焼く。皮目をパリッと仕上げる。
[あしらい]
①ぬれ七味と炭塩を添える。

鶏味噌漬

くわい唐揚　姫人参味噌漬　白髪葱　レモン

①鶏モモ肉を酒でもみ洗い、塩をあてる。
②白粒味噌を甘酒でのばし、床漬けする。
●鶏肉の場合は特に身が締まりやすいので、味噌に甘酒を加える。
③串打ちして焼く。
[あしらい]
①姫ニンジンは皮をむき、一度ゆがいてから、味噌漬けする。
②クワイは松笠に包丁し、水に晒した後、素揚げする。塩をふる。

豚葱味噌焼

山独活味噌漬炙り

①肩ロース肉を用意し、白粗味噌、戻し糀、黒酒で床を作り、味噌漬けにして2日位おく。
②床から引き上げ、玉酒で洗い、串を打ち、下焼きする。
③味醂多めで甘めに仕立てた南蛮味噌を煮切り酒でのばし、打ちネギを混ぜ、タレにして肉の上にのせて焼き上げる。
[あしらい]
①山ウドを一度ゆがいた後、味噌漬けし、炙る。

豚黒七味焼

こごみ　こし油薄衣揚　分葱鉄杯

①豚の三枚肉を小さめの塊に切り出し、串を打つ。少し多目のふり塩をし、焼く。
②強火で焼き、油を落とし、表面をカリッと焼き上げる。
③あがりに黒七味をふる。
[あしらい]
①コゴミ、コシアブラに薄衣をつけて揚げ、ふり塩する。
②ワケギをゆがき、八幡蒟蒻、焼薄揚げとともに芥子酢味噌で和える。

豚角煮東寺焼

共地餡　焼アスパラ　芥子

①豚の三枚肉を角煮にする。天板に並べ、焼く。
②ナガイモを蒸して裏漉ししたものと、汲み上げ湯葉を合わせ、玉子の素を少し加えて生地にして、角煮の上にのせて焼く。
③器に盛り、角煮の煮汁を餡にしてかける。
[あしらい]
①焼アスパラを前盛りする。

卵豆腐葛焼

雲丹　山葵　針海苔　煎酒

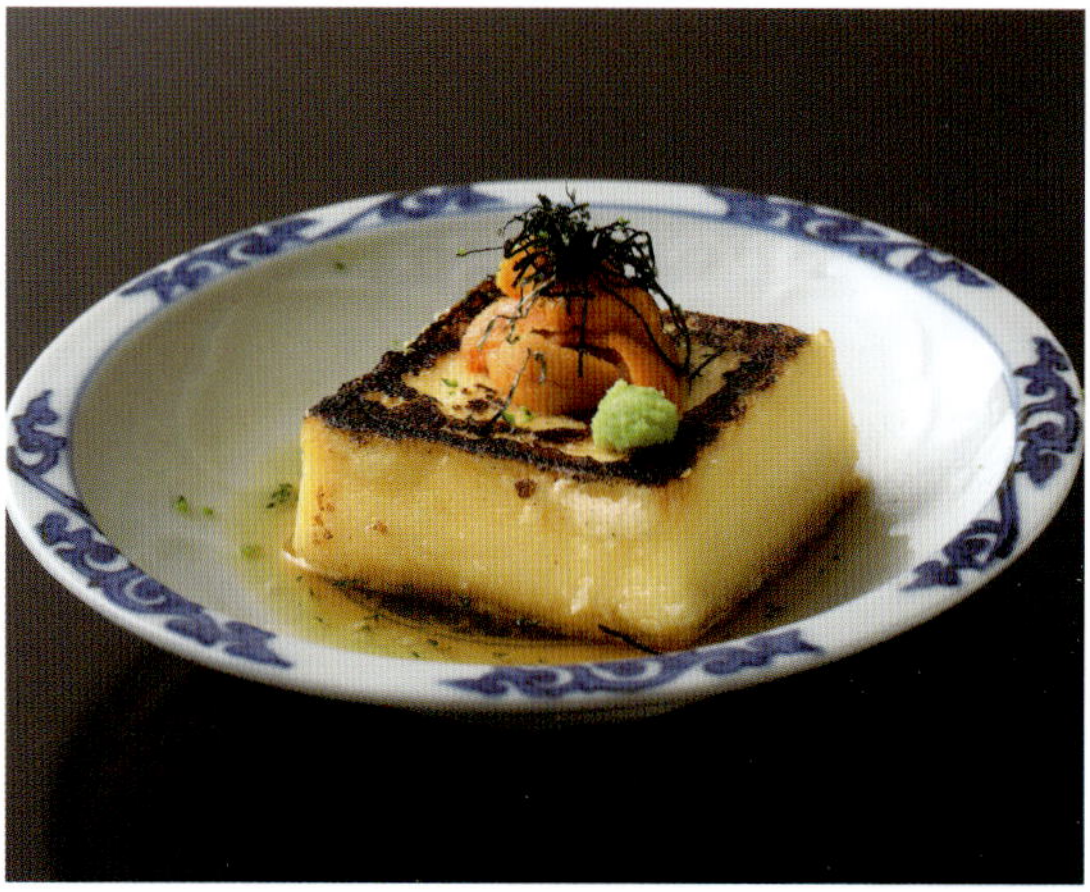

①卵と出汁を同割で合わせ、淡口醤油、塩で味を整える。
②漉して流し缶に流し、スが入らないように蒸して玉子豆腐を作る。
③適宜に切り出し、全面に葛粉をまぶし、金つば焼の要領で焼き上げる。
④酒5合、出汁0.25合、梅干し100g、味醂0.25合、淡口醤油0.25合、追鰹で1割煮詰める。
⑤④の煎り酒を張り、生ウニ、ワサビ、針海苔を天盛りする。

みすじ炙り焼無花果巻

ちり酢卸し　芽葱　一味

①神戸牛のミスジを食べやすい厚さに切り、ふり塩して網焼きにする。
②イチジクの皮をむき、直焼きする。
③器に焼無花果、ミスジを盛り合わせ、芽ネギを盛る。
④レモン酢0.5、スダチ酢0.5、煮切り酒1、濃口醤油1で合わせ、差し昆布をした合わせ酢に、細か目の卸し金でおろした辛味ダイコンを合わせる。
⑤④のチリ酢卸しを添える。牛肉で③のイチジクを巻いてチリ酢卸しと共に食べていただく。

牛酒塩漬ロースト

松茸唐揚　鬼卸しちり酢　山葵　芽葱

①牛のイチボを塊のまま、昆布をさした酒塩に漬ける。引き上げ真空パックに入れて真空にかけ、芯温が58℃になるよう火を入れる。冷水にとり、冷ます。
②適当に切り分け、串打ちして炙る。

[あしらい]

①マツタケをそうじし、酒塩に漬け、軽く水分を拭く。上新粉をまぶして唐揚げにし、塩をふる。
②鬼卸し1、柚子酢1、煮切り酒1、淡口醤油1を合わせて添える。山葵、芽ネギを添える。

サーロイン照焼

蕨とろろかけ　温泉卵　浅月　山葵　仙台麩油焼

①神戸牛のサーロインを常温におき、網焼きする。
②フライパンに三割味噌ダレを入れ、バターをかくし味程度に加えて煮詰めた所に先の神戸牛を入れ、照焼きする。

［あしらい］
①灰汁抜きしたワラビを八杯出汁に漬けたものを、刃叩きし、ツクネイモのとろろと合わす。
②常温にしたタマゴを65℃の湯に約40分間漬けて温泉卵を作り、卵黄を取り出す。
③仙台麩はパン切包丁でスライスし、油を塗って炙り焼きする。

●照焼きにした神戸牛に卵黄、蕨とろろ、山葵をからめて食べていただく。

いちぼ生醤油焼

敷古香焼　山葵

①神戸牛のランプ肉（イチボ）を求め、大きめにさく取り、串を打ち、天火で焼く。全面焼けるように串を打ち替え、焼く。
②火からはずしアルミホイルをかぶせ、落ち着かせる（芯温58℃位を目安にする）。
③再び、近火の強火で生醤油を3回かけ、仕上げる。

［あしらい］
①ハクサイの古漬を適当に刻み、フライパンで炒める。

●ハクサイの古漬の酸味で調和させる。

いちぼ味噌漬ロースト

煮牛蒡煮卸し　揚米二種　黒白
実山椒　山葵　葱

①神戸牛のランプ肉（イチボ）を適当な大きさに切る。まんべんなくふり塩をして、表面を網焼きする。
②ガーゼに実ザンショウと①の牛肉を置き、ガーゼで包む。上から再度実ザンショウを散らし、ガーゼで包む。
③田舎味噌、白味噌を5対1で合わせ、酒、味醂少々でのばす。真空パックの袋に入れ、②の牛肉も入れる。真空にして芯温が58℃になるまで火を入れる。パックごと急冷する。
④③のパックから牛肉を取り出し、味噌がつかないようにガーゼをはずし、実ザンショウを除く。肉に串を打ち、弱火で焼く。
●肉は常温に戻しておく。焦げやすいので注意。

［あしらい］
①ゴボウを洗い、適当に寸切りし、水に晒す。水気をよくきり、鍋に神戸牛の脂身を入れてゴボウを炒める。昆布出汁、酒、味醂、砂糖、濃口醤油で柔らかくなるまでじっくり煮含め、すき焼の味加減にする。フードカッターにこれを地ごと入れ、ペーストにする。
②モチ米を洗い、浸水させた後、ザルに上げ、広げて干す。高温の油で揚げる。
③牛肉を切り分け、器に敷いた①のゴボウのペーストの上に盛り、②の揚米を前盛りする。山葵、実ザンショウ（ゆがいて酒塩に漬けた後、冷凍しておいた物）、ネギを盛る。

牛茸巻

ベビーリーフ　焼葱

①牛のランプ肉を適当にサク取りし、タレ（味醂3、酒2、濃口醤油1を合わせて煮切る）に漬ける。
②真空パックにタレと共に入れて真空にかけ、芯温が58℃になるよう火を入れる。冷水にとり、冷ます。
③②の肉を取り出し、常温に戻す。タレで洗ったマイタケを肉で挟み巻き、串を打って焼く。
④①の牛肉の漬けダレを火入れし、漉したものに葛でとろみをつける。
⑤④のタレを器に敷き、ベビーリーフ、焼ネギ、切り分けた③の牛肉を盛りつける。
●好みで山葵を添える。

牛朴葉焼

松茸　葱　黒豆味噌

①牛のランプ肉（イチボ）をさく取りし、58℃で火入れする。表面に焼き目をつける。
●肉の火の入り方を安定させるため、先に火入れをしておくと提供しやすい。
②朴葉を水に漬けて、汚れを拭き取る。黒豆味噌に酒、味醂、砂糖、タマネギのすりおろし、卵黄を合わせて火にかけ、練った味噌を朴葉に敷き、焼マツタケ、焼ネギ、イチボを乗せ、焜炉で炙る。
●敷味噌をからめながら食べていただく。

鶉二身焼

小菊玉子
はじかみ

①ウズラを一枚開きにする。
②ウズラの挽き肉に浮き粉、昆布出汁、卵、パン粉を合わせ、白味噌、濃口醤油少々で味を整え、混ぜ合わせる。
③①の開いたウズラに小麦粉をまぶし、②を塗りつけ、厚さを均等にならす。天板に並べ天火で焼く。
④両面を焼いて、鳥タレを塗りながら焼く。上がりに粉山椒をふる。

[あしらい]
①ウズラの卵を茹で、皮をむき、味噌漬けする。
②菊花は花片をばらし、酢水で灰汁がまわらないようにゆがき、流水に晒す。水気をきり、割甘酢に漬ける。
③①の卵の天地を落とし、茶筅に包丁目を入れ軽くつぶし、菊に見立て、天に菊花を盛る。

鶉丸味噌たれ焼

松茸軸唐揚　粉山椒

①ウズラの身を挽き肉にし、骨は感触が残るくらいに刃叩きする。
②身と骨を合わせ、擂り鉢で軽くすりながら、昆布出汁でのばし、濃口醤油、味醂、粉山椒、浮き粉を加えて混ぜ合わせ、沸かした昆布出汁に落として丸にする。
③②の丸に串を打ち、味噌だれ（味醂5、濃口醤油4、白味噌2、焼ネギを合わせ、中火で火を入れる）をかけながら焼く。
●鳥類はネギの風味を加えると香気がよいため味噌だれにネギを加える。

[あしらい]
①マツタケの軸を適当に裂き、唐揚げにする。

鶉蠟焼

粉吹き銀杏

①ウズラを一枚に開き、ウズラの挽き肉を身の薄い所に塗りつけ、包丁の刃元で叩きならす。
②酒2、濃口醤油1、味醂1の柚庵地に30分漬け、地上げし、天火で焼く。
③両面焼き上げた後、卵黄を刷毛で皮目に塗り、蠟焼にする。

[あしらい]
①むきギンナンを塩水に漬けておく。
②鍋に酒、味醂、塩で地を合わせ、先のギンナンを入れて炊く。地が程よく煮詰まったら、鍋から上げ、煎った上新粉でからめる。

土器焼　鶉くわ焼

九条葱　餅粟　とろろ芋

①ウズラを一枚に開き、ウズラの挽き肉を身の薄い所に塗りつけ、包丁の刃元で叩きならす。
②フライパンに油を軽く引き、①のウズラの皮目を下にして押しつけて焼く。返して両面を焼く。
③適当に切り分け、片栗粉をまぶしつけ、再度焼く。
④フライパンに酒1、味醂1、濃口醤油0.5、砂糖少々の地を入れ、ウズラにからめて焼く。

［あしらい］
①アワを水が濁らなくなるまで洗う。30分位水に漬ける。水を捨て、蒸し器にさらしを引き、蒸す。途中3〜4回酒塩を吹きかける。
②土器にウズラ、九条ネギの笹切り、ヤマノイモに卵白を合わせたとろろ、粟を盛り、天火で焼く。

鴨味覚焼

栗　銀杏　松茸　白髪葱

①鴨の胸肉をそうじし、皮目を下にしてフライパンで焼き、脂を落とす。
②そぎ切りにしてふり塩し、網で直焼きで炙る。
③マツタケ、揚ギンナン、クリ、②の鴨と共に角石鍋に盛り込む。
④鴨の骨とアラで取った出汁に、酒、味醂、淡口醤油で味を整え、鍋に入れる。火にかけ、熱くなったら天火で再度焼く。
⑤白髪ネギを天盛りする。

鴨醤油麹漬

焼舞茸　針山葵

①鴨の胸肉を用意し、そうじする。醤油麹2、煮切り酒1を合わせた中に先の鴨を一晩漬け込む。その時、おろした山葵も溶き入れる。
②地から揚げ、天火で焼く。余熱を考えて火を入れる。焼き上げた後、アルミホイルで包み落ちつかせる。

[あしらい]

①マイタケは小株に分け、酒塩で洗い、天火で焼く。

鴨味噌柚庵漬

柚子甘煮　生胡椒　蕪衣揚柚味噌かけ　白髪葱

①鴨の胸肉をそうじして、皮目からフォークで針打ちした後、味噌柚庵地に一晩漬ける。
②弱火で焼き、余熱で火を通す。アルミホイルで包み、落ち着かせる。

［あしらい］
①柚子の皮を卸し金で皮目の白い部分が顔を出さないように皮面のみをおろして、表面をなめらかにする。半分に切り、中の種や薄皮を取り、皮だけにする。
②米のとぎ水に塩を加えたところに①のユズを一昼夜漬けておき、翌日新しいとぎ水でゆがく。
●ユズの苦味、渋みが抜けないと柔らかくならないので、充分に水に晒し苦味を取る。
③ザルにあげて陰干しし、乾いたら蒸し器で空蒸しする。鍋に入れ、蜜を注いで柔らかく炊く。
④小角に包丁し、柚酢少々をからませて盛る。生コショウを添える。
⑤小カブは葉つきのまま皮をむき、薄衣をつけて揚げ、柚子味噌をかける。
⑥白髪ネギを添える。

鴨茄子挟み焼

葱

①鴨の胸肉をそうじして、厚めのそぎ切りにする。タレ（赤酒2、濃口醤油1、酒1を合わせ、焼ネギを入れて中火で火を入れる）に漬ける。

●赤酒を使うと身が締まらず、あっさり仕上がる。

②賀茂ナスの天地を落とし、縦にねじむきにし、鴨と同じ位の大きさに切り分け、水に晒す。

③水気をよく切り、タレに漬けた鴨と交互に並べ、挟み串をする。鴨の皮目から焼き、タレを3～4回かけ、焼き上げる。

鴨葱巻

松茸麹和へ

①鴨の胸肉をそうじし、縦に切り離さずに交互に包丁し、切りつなげ、帯状にする。

②ネギを芯にして、鴨を巻きつけていき、串を打ち、端をたこ糸で止める。

③赤酒5.5、濃口醤油3.5を合わせて火入れし、冷ましたタレを下焼きした後、2回まわしかけ、焼き上げる。途中串の打ち替えをし、全面焼く。

[あしらい]

①マツタケを酒塩に10分程漬け、焼く。麹と柚子皮で和え、添える。

鴨茸釜焼

フォアグラ　万願寺唐辛子素揚

①鴨をそうじした際に出た脂身や耳の部分を適当に切り、筋切りして、鳥ダレに漬ける。
②①をフライパンで炒り焼きし、フォアグラと合わせる。
③大ぶりのブラウンマッシュルームの軸を落とし、内側に十文字に隠し包丁を入れ、②の鴨とフォアグラをのせ、天火で焼く。上がりにタレを少しかける。

[あしらい]
①万願寺唐辛子の角切りを素揚げし、天盛りする。

猪九条焼

九条葱　つくね芋卸し　山葵

①猪のバラ肉を適当に切り出す。三割ダレに仮漬けし、フライパンで焼く。
②火が通ったら三割味噌ダレをまわし入れ、からめて照焼きにする。あがりに九条ネギの笹切りを加え仕上げる。
③器に盛り、タレをかけ、ツクネイモのとろろをかけ、山葵を天盛りする。

しし柚子釜

猪味噌漬　柚皮甘煮　椎茸　焼葱

①猪のロース肉を一口大に切る。
②白粗味噌を甘酒でのばし、①の猪肉を関所漬けする。
③2〜3日漬けた後、取り出し、串を打ち、中火で焼く。ユズの皮の甘煮を刃叩きし、ペースト状にしたものをあがりに塗り、仕上げる。
④シイタケを酒塩に浸して焼く。
⑤白ネギに油をぬり、ふり塩して焼く。
⑥大ぶりな獅子ユズで釜を作り、中に玉砂利を入れ、その上に炭を置いて、焼き上げた③〜⑤の材料を盛る。

焼ぼたん

塩　生胡椒　山葵

①猪のバラ肉を、炭火で香ばしく炙り焼きにする。焼きたてをすすめる。

猪大和焼

蒸葱麹漬　陳皮

①猪の三枚肉（塊のバラ肉）を小角に切り分ける。鍋に入れて、水を張り、生米を加えて火にかけ、重湯でもどす。
②流水に晒し、よく水洗いして、鍋に並べ、玉酒、白味噌、濃口醤油、砂糖少々、赤酒にて、じっくりと煮含めて炊く。
③鍋から取り出し、串を打ち、炊き地をかけながら焼き上げる。
④器に盛り、陳皮をかける。
［あしらい］
①白ネギを立て塩に浸した後、蒸す。温かいうちに麹に漬ける。2日位漬けたら取り出す。

猪つけ焼

浅月醤油漬　粉山椒

①猪のロース肉を厚切りする。串を打ち、下焼きする。
②一杯醤油を2～3回かけて焼き上げる。
［あしらい］
①アサツキを霜降りし、岡上げする。煮切り酒1、煮切り味醂1、濃口醤油0．5の地に漬ける。

熊巻焼

丸地餡　生姜

①熊のロース肉のスライスに、軽くふり塩する。ネギを芯にして巻き、串を打つ。
②酒をふりかけながら焼く。
③食べやすい大きさに切り分ける。
④スッポンのスープで餡を作り、かける。おろし生姜を天盛りする。

熊味噌漬重ね焼

五三竹塩焼

①白粗味噌に煮切り酒、ハチミツを加え、味を整える。熊のロース肉にみじん切りしたマイタケをまぶして関所漬けにする。
②2日位漬けた後、取り出し、数枚重ねてばらけないように楊枝で止め、天火で焼く。

●焦げやすいので注意する。あがりに少しハチミツを塗る。

[あしらい]

①五三竹（ホテイチク）を皮ごと焼き、皮をむき、再度ふり塩して焼く。

熊朴葉焼

鮑茸　葱　香味葱生姜

①白粗味噌160g、田舎味噌40g、砂糖10g、味醂30cc、濃口醤油10cc弱、卵黄1／2、タマネギすりおろし50gを合わせ練り合わせる。朴葉に敷く。

●朴葉は水に浸し、汚れをよく拭き取って使う。

②熊のロース肉のスライス、アワビタケ、ネギを重ね盛りにする。

③炭火の焜炉で炙り焼きにした後、天火でさっと炙り、芽ネギと針ショウガの合わせたものを天盛りする。

●焜炉で焼きながらすすめてもよい。

鹿ヘレ肉芹巻

蕗の薹味噌挟み

①鹿のフィレ肉を用意する。適当な大きさの塊に包丁する。それを粉ザンショウを加えた醤油麹ダレに一晩漬ける。

②地から引き上げ、地を切り、観音開きに包丁する。ゆがいたセリを芯にして、巻き上げる。

③よく締めてから串を打ち、焼く。あがりに醤油麹ダレを一塗りし、仕上げる。焼き上げた後、アルミホイルで包み、落ちつかせる。

[あしらい]

①フキノトウを素揚げし、油をよくきり、半分に切った間に赤玉味噌を挟む。

鹿朴葉包み焼

焼長芋　焼独活　こごみ　丹波黒豆味噌

①鹿の背ロースの赤身を用意する。適当な大きさに切り分け、薄膜をそうじする。１６０℃の油で油霜した後、冷水にとり、水気をきる。

②黒豆味噌３００g、砂糖50g、酒１００cc、赤酒１００cc、卵黄2個、当り胡麻少々と合わせ、練り合わせる。

③①を芯温58℃で火入れをした後、表面を炙る。朴葉に一口大に切った鹿、焼ナガイモ、焼ウド、色出ししたコゴミを②の黒豆味噌と共に盛り込み、包んで１２０℃のオーブンで蒸し焼きする。

●長時間焼くと、鹿に火が入りすぎるので注意する。

鹿ばら塩焼

ウルイ醤油漬　山葵

①鹿のアバラ肉を節に切り分け、串を打ち、岩塩をふりかけ、焼く。

[あしらい]

①ウルイを3cm位に包丁し、銅鍋で色よく茹でる。岡上げし、脱水させる。

②半日陰干しし、煮切り酒2、濃口醤油1、煮切り味醂０.５の地に浸す。

鹿味噌漬ロースト炙り

のびる芥子酢味噌かけ　クレソン　別猪口共味噌つけて

①鹿のシンタマを用意する。端の硬い部分を取り除き、芯のきめの細かい部位を使う。程良い大きさのブロックに切り分け、160℃の油に1分位油通しし、冷水にとり、水気をしっかりととる。
②白味噌と田舎味噌を6対4で合わし、そこに砂糖を加え、煮切り味醂、煮切り酒でのばし、味を整える。
③鹿肉に実山椒をまぶして、ガーゼで巻く。先の味噌と共に真空パックの袋に入れ、芯温58℃で火を入れる。冷水にとり急冷する。
④パックから取り出し、常温に戻してから直火で表面を網焼きする。食べやすい大きさに包丁し、盛り付ける。
⑤パックの中の味噌と肉にまぶした山椒を鍋に入れ、火入れをして、味噌ダレとする。

［あしらい］
①ノビルをそうじし、霜降りし、岡上げする。
②白玉味噌に米酢、芥子、淡口醤油で味を整えた芥子酢味噌で、①のノビルを和える。

すっぽん山椒焼

焼葱甲州煮　雪の下

①スッポンを四ツ解きし、霜降りして薄皮を剥ぎ取る。

②玉酒を鍋に張り、スッポンを入れ、さし昆布し、約1時間煮込む。

③一度冷まして、骨をはずし、好みの大きさに包丁する。

④串を打ち、鰻ダレを3回つけ焼きする。粉山椒をあがりにふる。

[あしらい]

①スッポンのスープに赤ワインを入れ、塩、味醂で味を整え、焼ネギを入れて煮含める。

②ユキノシタに薄衣をつけて揚げる。

鯨舌《さえずり》田楽

水菜芥子和へ

①鍋に立て塩より濃い目の塩水を入れ、洗い米を適量入れる。サエズリの塊を入れて、じっくりと4～5時間、米が戻り粥状になる位までゆがく。そのまま鍋止めし、冷めるまでおく。

②サエズリを取り出し、流水で洗い、再度ゆがき、水にとる。

●程よく塩味をつけるのと、油抜きをするため。

③適量切り出し、串を打ち、焼き、油を落とす。白焚味噌を塗り、焼く。

[あしらい]

①水菜を寸切りにし、水で洗う。色よくゆがき、酒八方に地漬けする。八方出汁に漬け替え、カラシを溶き入れる。

鯨醤油麹漬

蒟蒻芥子焼　針生姜葱混ぜ

①クジラの尾の身を適当に切り分け、醤油麹、煮切り酒、白味噌を合わせた床に一晩漬ける。串を打って焼く。
②漬床を煮切り酒でゆるめた地をかけ、焼き上げる。
[あしらい]
①コンニャクを好みの形に切り、両面に鹿の子包丁を入れ、熱湯を通しておく。串を打ち、強火にかけ、充分に火の通った所にタレ（カラシ、白の当たり胡麻、淡口醤油、砂糖、卵黄を合わせ火にかける）をかけて焼く。
②針ショウガと青ネギを混ぜ、天盛りする。

鯨生姜焼

焼葱酢漬

①クジラの赤身を包丁で筋切りし、叩く。酒1、濃口醤油1、味醂0．5、みじんタマネギ、みじんショウガを合わせた地に30分漬ける。
②地から取り出し、串を打ち焼く。地を2回程かけ焼きし、焼き上げる。
[あしらい]
①白ネギに油を塗り、串を打って焼く。南蛮酢に漬ける。

串回し、串の打ち替えとは

串打ちは網やフライパンで焼くのと違って、素材を速やかに裏返したり、火から遠ざけたり、タレをかけたりするといった作業がしやすく、日本料理ならではの優れた技法と言える。ただし串に素材が焼きついたり、タレが焦げ付く危険性がある。そこで、柔らかくて焼きくずれしやすい素材では、串に焼きつかないように、焼いている途中で串をよじるように回して素材が焼きつくのを防ぐ「串回し」を行なう（写真ではわかりやすいように抜き板の上で行なっている）。

また串がつらぬいている部分は火があたりにくい。魚の切り身のような厚みの薄い素材であれば上面、裏返して下面を火に向けるだけで充分に焼けるが、厚みがある場合は串を打った側面は火に向かって垂直を向いているため、熱が通りづらい。網やフライパンであれば素材を転がせばよいが、串を打った場合はそれができない。

そこで厚みのある素材を焼く際には、上下の面が焼けた後、いったん串を抜いて打ち直すことがある。上下の面を焼いた後、90 度素材の向きを替えて串を打ち直し、火が入らなかった面を再度裏表焼く。

野菜・茸

筍豆腐山葵焼

花山葵　山葵　マイクロ葉山葵

①下茹でしたタケノコの固い部分や切り落としをすりおろす。

②昆布出汁4、葛1、蕨粉0.5、タケノコすりおろし2を合わせ、鍋に入れ、力《りき》がでるまで練る。塩、味醂極少量で下味をつける。流し缶に流し、冷やし固める。

③適宜に切り出し、フライパンに油をひき、切り出した筍豆腐に打粉をしてから焼く。三割味噌ダレの甘味を控えたタレをからめて照焼きする。あがりに、おろし山葵を溶き入れる。

[あしらい]

①花山葵の浸し（190頁参照）、山葵を天盛りする。

●針海苔を天盛りしても風味がよい。

筍芥子麹漬

蕗田楽　けしの実

①小さめのタケノコを下茹でし、先を残し、皮をむく。酒、塩少々で下煮し、岡上げする。

②戻し麹、白味噌少々、サラダ油、練カラシを合わせて床を作り、その中にタケノコを1週間程漬ける。

●小切りにして漬ける時は加減する。

③取り出して、串を打って焼く。

[あしらい]

①フキを色よく茹で、皮をむき、5cm位に切り揃え、串を打ち、赤玉味噌を塗り焼く。

筍射込焼焜炉仕立

若《ぬ》ノ葉飯　炙干子　木ノ芽　山吹漬

①小さめのタケノコを下茹でし、皮をむき、根の固いところと穂先を切り落とす。
②鍋に入れ、出汁、酒、塩、味醂で下煮する。地からあげ、中心を打ち抜く。
③ここに、新ワカメを乾燥させ、炙り、もみほぐしたものを混ぜたすし飯を射込む。適当な輪切りにし、半干しにした干し子を火取ったもの、木ノ芽を添える。

［あしらい］
①セリ、菜ノ花、ダイコン葉を洗い、ザルにあげて水切りする。その上から沸かした塩水をかけて、冷水に漬け冷ます。
②①をみじんに刻み、軽く絞って、塩、酒、うま味調味料を加え、混ぜ合わせ、軽い重石をして1晩おく。軽く絞り、割醤油をかける。

筍揚焼

木ノ芽卸し　楤芽新引揚　旨出汁

①タケノコを下茹でした後、皮をむき、適宜な大きさに切り出す。鍋に入れて酒を入れ、昆布蓋をして10分位煮立て、出汁、塩、味醂で含め煮にする。
②地からあげ、上新粉を打ち、油で揚げる。串を打ち、焼く。
[あしらい]
①タラノメにみじん粉をつけ、揚げる。
②ダイコンおろしに叩木ノ芽を混ぜ添える。
③出汁8、酒1、淡口醤油1、味醂1、追鰹した出汁を張る。

筍二味焼

桜香味噌　塩昆布　土筆甘酢漬

①小さめのタケノコを下茹でし、皮をむき、根元を切り落とし、半割りする。
②酒で下煮した後、串を打ち、強火の遠火で地焼きする。
③香ばしく地焼きした後、桜香味噌（白玉味噌を練る時に、あがりに桜の花を加える）、塩昆布を酒で洗ったものをのせ、焼き上げる。
[あしらい]
①ツクシは、はかまをそうじし、灰水に漬ける。灰を加えた湯でさっとゆがき、水に晒してから水気をきる。甘酢に漬ける。

筍つけ焼叩木ノ芽

こし油薄衣揚　蕗の薹旨煮

①程よい大きさのタケノコを下茹でし、皮をむいて、根元を切り落とし、半割りする。鍋に酒を入れ、下煮する。

●朝掘りの灰汁の少ないタケノコならばそのまま焼いても良い。

②表側に鹿の子包丁を入れ、串を打ち、地焼きする。

●火が弱いと筍がやせるので火加減に注意する。

③三割ダレに追鰹をして漉したものを3回かけて焼き上げる。叩木ノ芽をふる。

[あしらい]

①コシアブラを薄衣で揚げ、軽くふり塩する。

②フキノトウを、銅鍋でゆがいて晒す。水気を自然にきり、鍋に並べ、煮切り酒をひたひたに入れ煮立てる。その上にサラシをかぶせ、追鰹をして、淡口醤油、味醂少々で味を決め、じっくり煮含める。

玉葱丸焼

塩花　割醤油

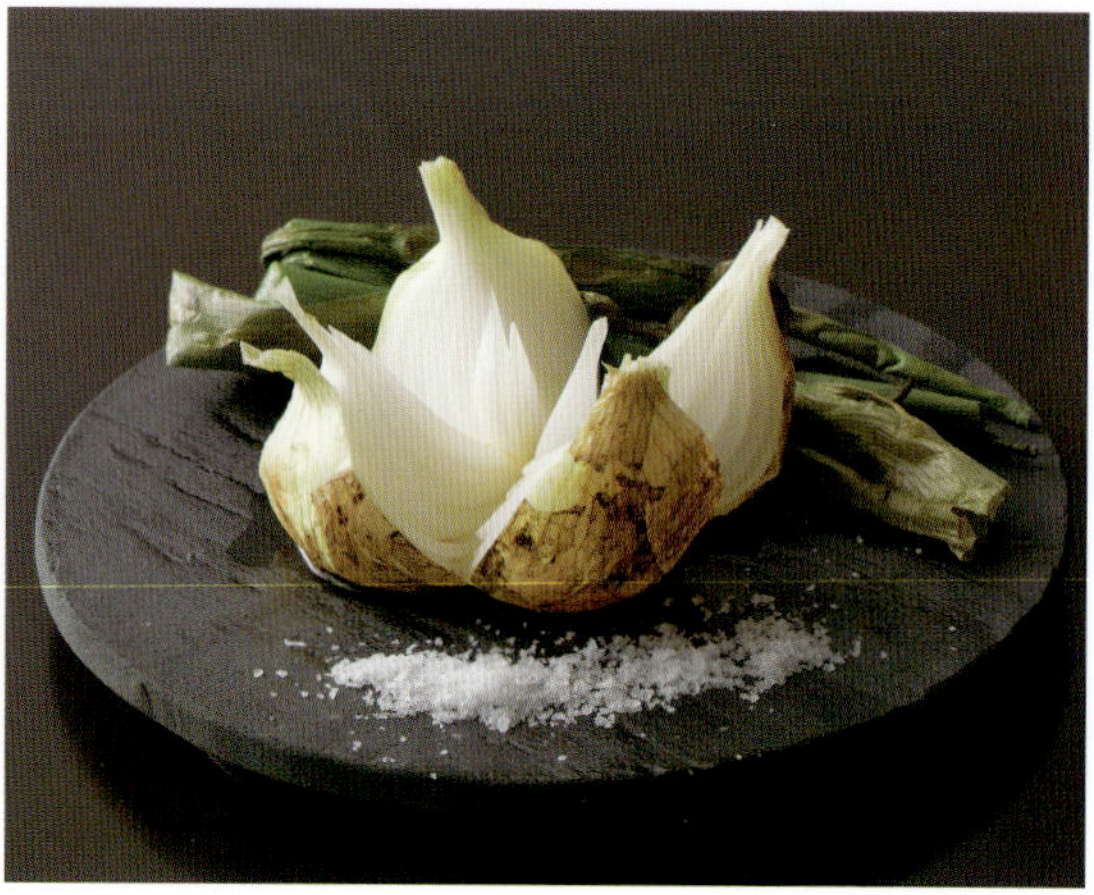

①葉付の新タマネギを水洗いし、先の部分を切り落とす。アルミホイルで包み、オーブンで焼く。
②葉を切り、十文字に包丁を入れる。
●好みで割醤油を添える。

玉葱味噌たれ焼

しし唐

①タマネギの皮をむき、厚目の輪切りにする。
②フライパンに油をひき、両面焼き、三割味噌ダレをまわし入れ、照焼きする。
[あしらい]
①シシトウを素揚げし、盛る。

楤芽味噌焼

桜長芋梅酢漬

①タラノメをそうじし、串を打つ。油にくぐらせ、焼く。
②赤玉味噌を塗って焼く。

[あしらい]
①ナガイモをきれいに水洗いして、3㎝位の高さに切り、皮をむいて、桜の打ち抜きで抜く。酢水に漬け、灰汁抜きする。水洗いしてさっと霜降りし、水気をきる。
②甘酢を水で割り、梅酢を落とした中に①のナガイモを漬ける。

楤芽香煎焼

桜花金団和へ

①タラノメのはかま部分をそうじし、十文字に包丁を入れる。
②打粉をし、卵白にくぐらせ、おかきの砕いたものをつけ、油で揚げる。
③串を打ち、さっと焼く。ふり塩する。

[あしらい]
①ナガイモの皮をむき、蒸して裏漉す。鍋に入れ、砂糖、塩で淡味をつけ、冷ます。桜の花の塩漬けと和える。

蕗の薹黒焼

つわ蕗けし揚

①フキノトウの汚れを取り、ボウルに入れ、油をまわしかけ、なじませる。

②串を打ち、アルミホイルをその上から巻き、蒸し焼きする。

③アルミホイルをはずし、両面を焼く。

④黒胡麻ペーストに煮切り酒、砂糖、濃口醤油で味を整え、フキノトウに塗り、焼く。

[あしらい]

①ツワブキの根の部分の皮をむき、赤玉味噌をまとわせ、ケシの実をつけ、その部分だけを油で揚げる。

●味噌のついた部分だけを食べる。

アスパラガス米香り焼

餅米　黒米　チーズ粕漬

①アスパラガスのガクをそうじして、根の固い所を切り落とし、串を打ち、油にくぐらせて焼く。

②卵黄に醤油を合わせた黄味醤油を塗りながら焼く。上がりにモチ米、黒米を洗って干した物を油で揚げ、揚米にしたものをふりかけて仕上げる。

[あしらい]

①クリームチーズを粕漬（酒粕に白味噌を3割程混ぜる）にする。

アスパラガス諸味焼

干瓢甘煮　実山椒

①アスパラガスをそうじして、色よくゆがき、冷水にとる。
②水気を拭き取り、串を打ち、焼く。諸味味噌を塗りつけ炙る。

[あしらい]

①カンピョウを水に浸し、塩もみする。水洗いして下茹でする。ゆがいたカンピョウを平らにのばして鍋に入れ、出汁、酒、塩、砂糖で甘煮にする。
②実山椒の味噌漬け（54頁参照）を天盛りする。

アスパラ酒焼

レモン塩麹だれ

①アスパラガスをそうじして酒塩に漬ける。串を打ち、酒をふりかけながら、焼く。
②上がりに岩塩をふりかける。

[あしらい]

①練麹を仕込み、レモンの皮の刻んだ物と果肉のゴロ切り（練麹100gにレモン1個分）を加え、5日〜1週間ねかす。

●油を加えてドレッシングにも用いる。

無花果胡麻山椒味噌焼

芽生姜黒糖煮安倍川

①イチジクの固めの物を用意し、天地を落とし、蒸し器で五分《ぶ》程蒸す。

②蒸し上がりを天板に並べ替え、胡麻味噌（胡麻ペーストを擂り鉢でよくあたり、煮切り酒、白味噌で味を整え、粉山椒で香りづけする）を塗って焼く。

[あしらい]

①芽ショウガを水に漬け、ふきんで薄皮をむき、洗う。鍋に入れゆがく。

②水に晒して、辛味を抜く。ザルに上げ、空蒸しして水分をとばし、黒砂糖、水で蜜煮にする。それをきな粉で和え、安倍川にする。

独活味噌漬

花山椒旨煮

①山ウドの産毛をこそげ、ビール、酢を入れた湯でゆがく。

●ビールでゆがくとシャキシャキ感が出るのと、灰汁抜きになる。

②冷水にとり、岡上げする。味噌漬けにして串を打ち、強火で焼く。

[あしらい]

①花ザンショウをみょうばん塩水で浸し漬け、一晩置く。銅鍋でさっと茹でて氷水に取り、流水に晒す。引き上げて軽く絞る。

②銅鍋に酒、醤油、花山椒を入れて強火で煮立て、しばらく焚き、途中花ザンショウを引き上げ、ザルに取り、冷風で乾かす。鍋の地を煮詰め花ザンショウを戻し入れ、地にからめて仕上げる。

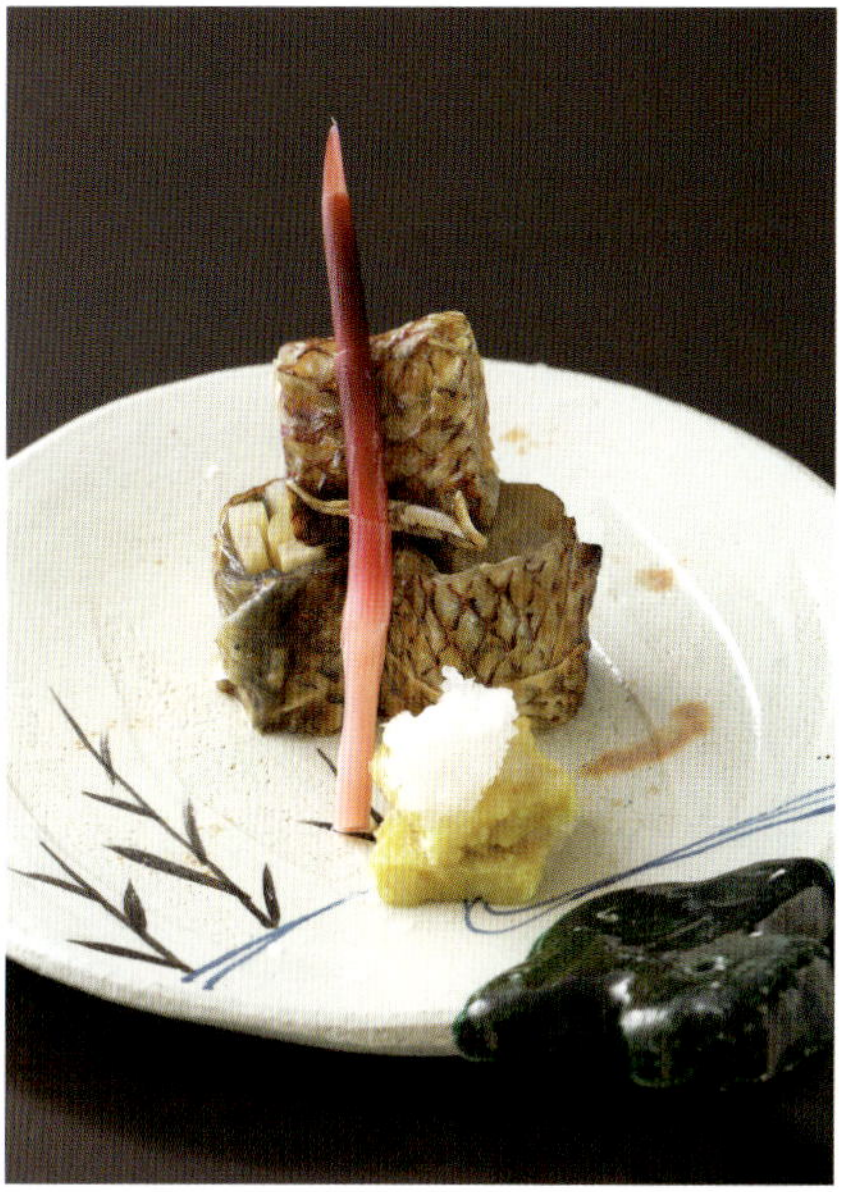

独活味噌だれ焼

樋湯葉煎煮

①山ウドの産毛をふきんでこそげ洗う。
②水気をきり、串を打ち、焼く。表面に焦げ目をしっかりつける。
③フライパンを熱し、三割味噌ダレを入れ、煮詰めた所に焼いた山ウドを入れ、からめる。
●串を打ったままかけ焼きしてもよい。

[あしらい]
①樋湯葉を、180℃の油でじっくりと芯までサクサクになるまで揚げる。
②三割ダレに砂糖を加え、①の樋湯葉を入れ、鍋で程よく煮詰めかりんとうのように仕上げ、天に実山椒を盛る。

独活引皮焼

粟麩卸し和へ　はじかみ生姜

①ウドの皮をむき、縦に棒状に切り、互い違いに束ねる。
②鯛の皮をきれいに水洗いし、裏側に小麦粉をつけ、ウドに巻きつけ、ラップ紙で巻きしめて80℃位で20分蒸す。
③ラップ紙をはずし、串を打ち、沖ダレでかけ焼きする。

[あしらい]
①粟麩を切り出し、油で揚げる。ダイコンおろし、酢、白醤油、煮切り味醂で味を整え、和える。
②はじかみを添える。

焼小芋山かけ

叩オクラ　山葵　煎出汁

①小イモの泥を洗い流し、ふきんで皮をむく。米のとぎ水で小イモを戻し、清湯する。
②鍋に入れ酒八方でゆっくり煮込む。追鰹をして、上がりに味醂、淡口醤油を落とし、煮上げる。小芋の地を切り、天板に並べ、天火で焼く。一刷毛の一杯醤油を塗り焼き目をつける。
③ツクネイモの皮をむき、灰汁抜きし、擂り鉢ですりおろし、さらにすりこぎでよくすり、淡口醤油少々で淡味をつける
●卵黄を入れても良い。
④オクラは塩みがきし、銅鍋で色よく茹で、冷水にとり、水気をきって、酒八方に二度漬する。縦に割り、種を取り、刃叩きする。

ひねり芋雲丹焼

海苔　花山葵浸し

①小イモを含め煮にし、地からあげ、ふきんで軽く絞る。
②軽く片栗粉をつけ、天板に並べ、雲丹をのせ、天火で焼く。
③一杯醤油を刷毛で塗り、焼き上げる。海苔をまぶす。

[あしらい]
①花ワサビを葉と軸に分ける。軸を束ねて並べ、すりこぎで軽く叩く。切り揃え、ボウルに入れ砂糖をたっぷりまぶし、20分置く。葉も同様に置く。脱水したら、85～90℃位の湯を入れ、色出しする。すぐさま冷水にとり、充分に冷やしてから、水に晒す。水気をしっかりきり、酒八方に漬ける。
②密封容器に入れ保存する。提供前に八杯出汁に漬け直す。

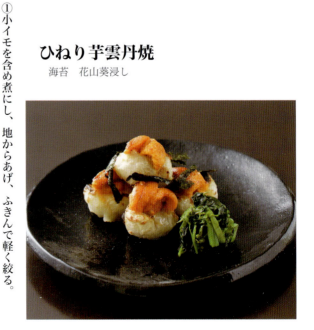

小芋甚太焼

蓮芋うるか和へ　酢取茗荷

①小イモの泥を洗い流し、天地下を切り落とす。塩水に漬け、1時間おく。パイレッシュに濡れさらしを敷き、小芋を並べ、さらにさらしをかぶせ、蒸す。蒸し上がったら、皮をむく。

②枝豆をそうじし、擂り鉢に塩、水を入れ、すり合わせて産毛を取り、洗う。ゆがいて岡上げし、ふり塩をして冷ます。鬼皮と薄皮をむき去り、擂り鉢にとり荒ずりする。

③②に玉味噌を加え甚太味噌を作り、①の小イモにかけ天火で焼く。

[あしらい]

①ハスイモの皮をむき、塩水に漬け、銅鍋に湯を沸かし色よく茹でる。冷水に取った後、晒す。引き上げ水気をしっかりきり、酒八方に二度漬けする。

②鮎の（白子）ウルカを刃叩きし、①のハスイモと和える。

③ミョウガの根を軽く落とし、十文字に包丁目を入れ、霜降りし、岡上げしてふり塩して冷ます。甘酢に漬ける。

④ハスイモの葉に盛りつける。

大徳寺御手洗焼

針柚子

①小イモを洗い、ふきんで皮をむき、下茹でして水気をきる。
②180℃の油で素揚げする。
③大徳寺納豆を味醂に漬け、ペーストにする。揚げた芋を天板に並べ焼き、大徳寺ペーストをからめて再度焼く。
④ユズの皮を針打ちして天盛りする。

馬鈴薯田楽

蕗味噌　蓬味噌　唐黍味噌

①ジャガイモの皮をむき、適当に切り、水に晒す。
②蒸し上げ、熱いうちに裏漉しし、片栗粉を混ぜて、丸に取る。
③天板に並べ、焼き目をつける。
④フキノトウを刻み、油をひいた鍋に入れ煎る。しんなりしたら赤玉味噌を加え、練り上げる。
⑤白玉味噌に蓬ペーストを加える。
⑥白玉味噌にトウモロコシのペーストを合わせ、味を整える。
⑦④～⑥の味噌を③のイモに塗り、焼く。

馬鈴薯麸の粉焼

フォアグラムース　泡醤油　ペリーラ　林檎梅酒煮

①ジャガイモの皮をむき、水に晒し、蒸してつぶす。つなぎに片栗粉少々を加え、生地を作る。中にフォアグラムースを餡として包む。
②焼麸をすりおろし、粉にする。①のジャガイモに打粉し、卵白、麸の粉と順に衣をつけ、油で揚げる。天板に並べて焼く。泡醤油（泡醤油パウダーに水を加える）をかける。

[あしらい]
①リンゴの皮をむき、芯を抜き取り、適当な幅に切り、鍋に入れる。梅酒、グラニュー糖で、弱火でじっくり煮る。

カステラ芋ハリハリ焼

①ジャガイモを洗い、皮をむき、薄く切って蒸す。
②熱いうちに裏漉しして擂り鉢にとり、絞り豆腐の裏漉し、卵黄、小麦粉を合わせ、よくする。白味噌、塩、砂糖で味を整え、卵白のメレンゲを加え、面器に流し、天火焼きする。
③切り出し、天板に並べ、味醂を刷毛で塗り、千切りにして揚げたジャガイモをのせ、仕上げる。

空豆莢焼

唐墨粉　粉チーズ

①ソラマメの莢から豆を出し、皮をむき、串に刺す。油にくぐらせてから焼く。
②莢に並べて戻し入れ、卵黄醤油を刷毛で塗り、粉唐墨、粉チーズをふりかけ、莢ごと焼く。

空豆白子焼

花山椒

①ソラマメの莢から豆を出し、皮をむき、塩水に漬ける。引き上げ、串を打ち焼く。
②タイの白子をそうじして、塩をあて30分おき、水に晒す。バットに真昆布を敷き、白子を並べ、酒をふりかけ、酒蒸しする。
③②の白子を裏漉し、塩で味を整え、①のソラマメにかけて焼く。

[あしらい]
①花ザンショウを旨煮にし（188頁参照）、天盛りする。

空豆金団焼

白蒸し　銀餡　花柚子

①ソラマメの莢から豆を出し、皮をむき、塩水に漬ける。
②蒸してから裏漉す。
③天板に白蒸しを並べ、上にソラマメの裏漉しをこんもりと盛り、天火で焼き目をつける。
④器に盛り、銀餡を張り、花ユズを天盛りする。

百合根胡麻味噌焼

粟麸津軽和へ

①小さめの丸のユリ根をそうじし、形を整え、薄目の塩水に漬ける。
②ユリ根を引き上げ、酒をふり、アルミホイルで包み、１８０℃のオーブンで30分位焼き、火を入れておく。
●大きさ、重さにより加熱時間を加減する。
③天板に並べ、胡麻味噌をたっぷりかけて焼き上げ、胡麻をふる。

[あしらい]
①粟麸を油で揚げ、煎酒で洗ってから、リンゴすりおろし、白醤油、甘酢少々で味を整えて和える。

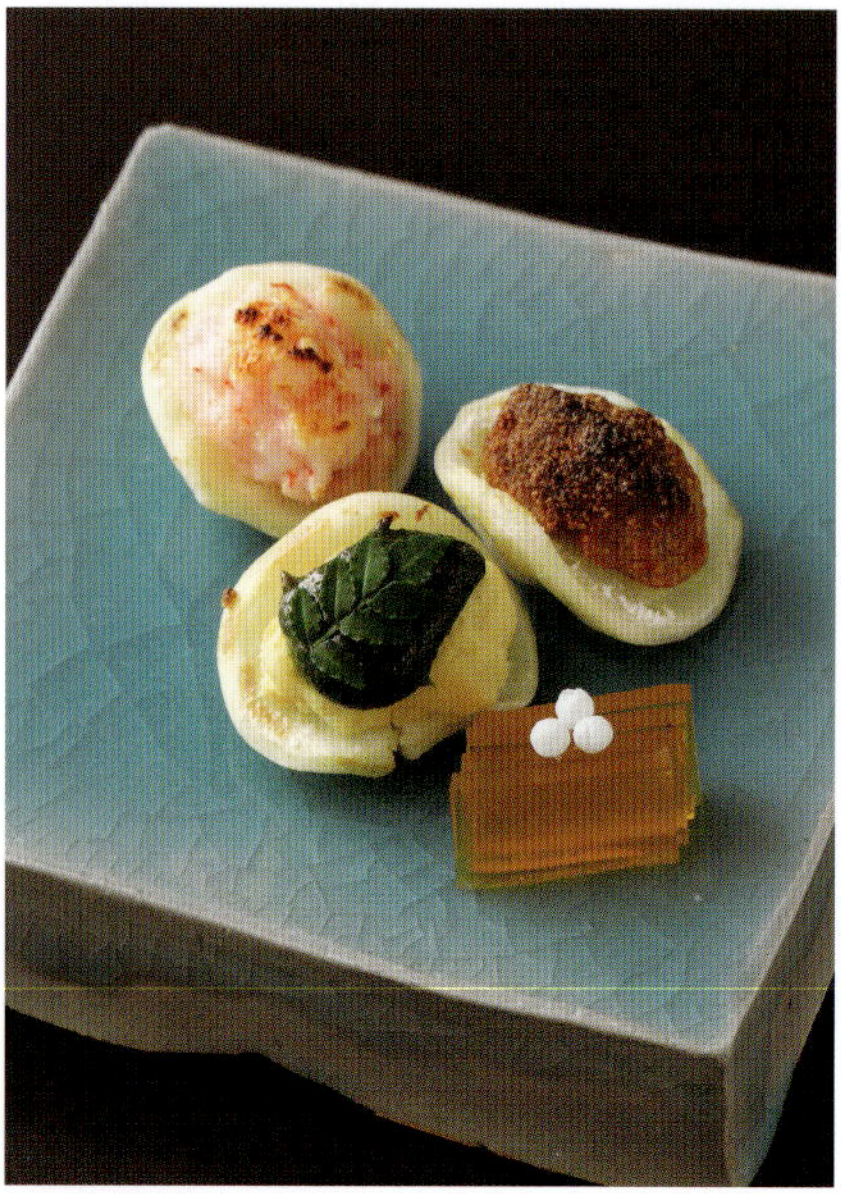

百合根三味焼

海老　木ノ芽味噌豆腐　唐墨　のし梅　玉アラレ

①大葉ユリ根を形よくむき揃えて、塩蒸しする。
②エビのミンチに玉子の素を加え塩少々で味つけする。
③豆腐を絞り、裏漉しし、ツクネイモのすりおろしを1割位、卵少々をつなぎに加える。擂り鉢ですり、淡口醤油、味醂少々で味を整える。
④木ノ芽をすり、青寄せ、玉味噌を入れて木ノ芽味噌を作る。
⑤唐墨をすりおろし（またはミンチにかける）、温泉玉子の卵黄を混ぜ餡を作る。
⑥ユリ根に軽く片栗粉をつけ、②、③と④、⑤をそれぞれ塗り、焼き上げる。

［あしらい］
①のし梅を切り、玉アラレを天盛りする。

焼百合根

葛溜まり掛け　炙り唐墨　山葵

①ユリ根をそうじして、酒塩に15分漬け、アルミホイルで包みオーブンで丸焼きにする。
②鍋に昆布出汁を入れ、酒、塩で味を整え、上質の葛で餡にする。
③唐墨の薄皮をむき、炙る。
④山葵をすりおろし、天に盛る。

唐辛子重ね焼

南蛮味噌

①万願寺トウガラシを縦二つに切り、種を取る。両端を落とし、塩茹でする。冷水にとり、水気をきり、甘八方で煮含める。
②地から上げ、形よく切り揃え、押し箱にオブラートと共に重ね入れ、重石をしておく。
③押し箱からはずし、包丁する。楊枝を刺して、サラダ油をひいた天板に並べ、焼く。
④南蛮味噌を塗り、焼く。

唐辛子金山寺味噌焼

①赤、青の万願寺トウガラシに筋包丁を入れ、種を取る。串に刺し、油を塗り、八分《ぶ》程度焼く。
②金山寺味噌を刃叩きし、固めの重湯を混ぜて、万願寺トウガラシに塗り、焼き上げる。

唐辛子湯葉巻

揚ちりめん　木ノ芽

①万願寺トウガラシを縦2つに切り、両端を落とし、種を取り、油で揚げる。冷水に取り、薄皮をむく。甘八方に地漬けする。
②引上げユバを広げ、針打ちし、小麦粉を軽く刷毛で塗り、先の万願寺トウガラシを芯にして巻く。
③串を打って、酒1、味醂1、淡口醤油0．5を合わせたタレを2～3回かけて焼く。
④切り出して叩木ノ芽をふりかけ、揚げたちりめんじゃこを盛る。

唐辛子焼浸し

糸花

①万願寺トウガラシに串を打ち、太白胡麻油にくぐらせ、直火で焼く。
②焼き上がったら、熱いうちに割醤油（出汁4、濃口醤油1、酒1を合わせ火を入れ冷ます）に漬ける。

長芋木ノ芽焼

蕨白地がけ

①ナガイモを水洗いし、根を炙り取り、きれいに洗い落とす。
②適当な幅に輪切りにし、金串を打つ。裏表をしっかり焼き、タレ（味醂6、濃口醤油4、酒少々、かくし味で砂糖少々を合わせ、アルコールを飛ばす）を3～4回かけて焼き上げる。切り分けて、叩木ノ芽をふる。

［あしらい］
①ワラビの根の方の固い所を切り落とし、保温性の高い容器に入れ、木灰、塩をまぶしつけ、熱湯をかける。落し蓋をして空気にふれないように密閉し、冷めるまでおく。
②引き上げて水洗いし、銅鍋で色よくゆがき冷水にとり、晒す。よく水気をきり、八杯出汁に二度漬けする。
③絞り豆腐を羽二重漉しにし、砂糖、塩、淡口醤油、煮切り味醂で味を整えて白地を作り、ワラビにかける。

長芋味噌浸し焼

煎胡麻

①ナガイモを水洗いし、皮をむき、輪切りにする。酢水で洗い、霜降りし、水に落とし、ぬめりを取る。水気をしっかりとる。

②鍋に昆布出汁、酒、味醂、白味噌を合わせ、ナガイモを入れ、弱火で気長にじっくり焚く。地が煮詰まり、ナガイモにからまったら地から上げ、串を打って焼く。煎り胡麻をふる。

●柔らかいので注意する。

長芋塩蒸し焼

叩オクラ　生口子　つる紫　山葵　割出汁

①ナガイモを水洗いし、皮をむき、適当な厚さに輪切りにする。塩水に浸す。

②引き上げて蒸す。串を打ち、焼き目をしっかりつけて焼く。

③適当に切り分け、器に盛り、叩オクラ、生口子、色出ししたツルムラサキの花を天に盛り、山葵を添える。

④割出汁（出汁4、酒1、濃口醤油1、味醂0．5を合わせる）を張る。

長芋南禅寺焼

銀杏　椎茸　百合根　御所麸　銀餡

①ナガイモの皮をむき、適当に切り、水に晒す。蒸してから裏漉しする。
②裏漉ししたイモ1、絞り豆腐1、豆乳を1割程合わせ、淡口醤油、味醂で味を整え、青竹に流し入れる。
③ギンナン、シイタケ、ユリ根はおのおの下味を取り、中具として先の青竹に入れる。最後にナガイモのゴロ切りを素揚げしたものを入れ、蒸し器で蒸し固める。
④天火で焼き目をつけ、銀餡を張る。

茄子フォアグラ味噌焼

蘇粉

①加茂ナスの天地を落とし、縞むきし、横半分に切る。水に晒し、灰汁抜きする。水気をきり、菜箸で針打ちし、油で揚げる。朴葉鍋に移し、天火で焼く。
②中まで程よく焼けたら、赤の田楽味噌を塗り、フォアグラムースの角切りを散らし、焼き上げる。

[あしらい]

①牛乳を鍋に入れ、文火で気長に木べらで10時間ほど混ぜ続ける。キャラメル状になったら固絞りしたさらしに取り、角面器に入れ、重石をして冷ます。固まったら、すりおろし粉にする。

茄子塩焼

レモン白酢がけ　焼茗荷　大葉　生胡椒

①三豊ナスの皮をごく薄く縦むきし、水に晒す。水をしっかりきり、串を打ち、油を塗って、ふり塩して焼く。

［あしらい］

①豆腐を水切りし、絞り豆腐にし、裏漉す。擂り鉢に入れ、レモン酢、戻し麹、白味噌を加えてすり、少量の淡口醤油で味を整える。

②ミョウガの下を切り、十文字に包丁を入れ、油を塗って塩焼きにする。

③生黒胡椒を刃叩きし、ちぎり大葉と共に天盛りする。

茄子かのこ焼

もぐさダイコン　刻み青唐　糸花　煎出汁

①米ナスを縦割り切りにし、皮目から身の内側に向かって鹿の子に包丁目を入れて、胡麻油をかける。

②フライパンに胡麻油をひき、①を両面焼く。途中で蒸し蓋をする。

［あしらい］

①青トウガラシの種を取り、小口に薄く切る。

②出汁5、酒1、味醂1、濃口醤油1、梅干しを入れ、追鰹をして1割ほど煮詰め、煎出汁を作る。

③天に糸花鰹、ダイコンおろし、ショウガを盛る。

海老芋射込み焼

壬生菜千枚蕪巻

①海老イモの皮をむき、米を加えた湯で下茹でし、酒塩八方で含め煮にする。
②①のイモを地上げし、水分を切る。打ち抜きで芯を取り、中に片栗粉を打ち、フォアグラ味噌（赤玉味噌にフォアグラテリーヌを合わせ、固めに鍋で練る）を射込み、串を打って焼く。

●鴨やウズラ、鶏そぼろ味噌などでも良い。

［あしらい］
①ミブ菜を水洗いし小株に分ける。茎の固い所を湯に通し、柔軟にし、冷水にとり、絞る。
②塩をよくもみつけ、細切りトウガラシをふりながら、漬け込む。押し蓋とミブ菜の目方とほぼ同重量の重石をする。
③カブの葉を落とし、根株を水洗いし、皮を薄くむく。包丁で2㎜に薄く輪切りする。容器に塩をふりながら、千枚切りの切片を高低差のないように並べ、押し蓋と重石をする。
④下漬けした③のカブをザルに上げて昆布を間に敷き、容器に平均になるように並べる。その上から甘酢（酢4、砂糖2、味醂1を加熱して冷ます）を注ぎ入れ、ユズ、トウガラシ適量を入れる。
⑤④の千枚漬で②のミブ菜を巻く。

海老芋石焼

山葵加減醤油　塩　柚味噌

①海老イモの土汚れを流水でよく洗う。立て塩に3時間漬ける。
②大きめのやかんに玉砂利を入れて、水をひたひたに注ぐ。先の海老イモを入れて火にかけて蒸し焼きする。
●やかんの口から蒸気がよく逃げ、石焼き芋ができる。そのままで充分に旨味があるが、好みで加減醤油（鰹節のきいた出汁）に山葵を添える。また塩や、柚味噌なども良い。

海老芋つけ焼

菊膾　針柚子

①海老イモを皮ごと六角錐にむき、砂糖水に漬ける。鍋に入れ、水、米を入れ、ゆがく。
②竹串がスッと入ったら海老イモを引き上げ、湯で洗い、温めた酒塩八方で煮含める。
③②に串を打ち、鰻ダレを3〜4回かけて焼く。
【あしらい】
①黄、紫の菊花をばらし、酢水でゆがく。水に晒した後、地漬けする。キクナも色よくゆがき、地漬けする。
②両方を合わせ、煎り酒で和える。

海老芋蕗味噌焼

雪輪蕪酢漬

①海老イモの泥を洗い流し、水洗いする。大きめのやかんに玉砂利を入れ、水をひたひたに入れて火にかける。そこに海老イモを入れ40分程度蒸し焼きにする。

●石焼になるので甘みが増す。

②フキノトウの土汚れなどを、水でよく洗い、根元を切り、水気をきる。銅鍋でゆがき、冷水に落とし、晒す。水気を絞り、包丁で粗みじん切りにする。

③鍋に油をひき、フキノトウを入れて炒め、白味噌、酒、砂糖で味をつけ蕗味噌を作る。

④①の海老イモの皮をむき、くし形に包丁し、天板に並べ、蕗味噌をかけて、天火で焼く。

[あしらい]

①小カブを雪輪に打ち抜き、3㎜位にスライスする。立て塩に昆布をさして、そこにカブを漬ける。しんなりしたら水気をきり、甘酢に漬ける。漬け上がったら、酢から取り出し、氷餅をまぶす。

海老芋重ね焼

あん肝　蕪餡　針葱　卸柚子

①海老イモを水洗いし、円柱にむき、酒塩八方で下煮する。
②①を５㎜厚さに切り、両面焼く。
③下処理し、円く整えたアン肝を海老イモと同じ大きさに切り出し、重ねて天火で焼く。
④器に盛り、蕪餡をかけ、白髪ネギと卸しユズを盛る。

焼芋

雲丹　山葵　割醤油

①海老イモを水洗いし、石焼きする（２０４頁参照）。皮をむいて適当に切り、串を打ち、強火で焼目をつける。
②器に盛り、割醤油（出汁２、濃口醤油１、味醂０・３、追鰹する）をかける。
③薄塩をあて、昆布出汁で霜降りにしたウニ、山葵、もみ海苔を盛る。

焼椎茸

鶏節　ポン酢

①大ぶりのシイタケの軸を取り、酒塩で洗う。
②天板に並べ、強火で焼く。焼き上がりにポン酢を落とし、鶏の胸肉で作った鶏節を削りかける。

金海鼠《きんこ》椎茸このわた焼

千枚蕪

①肉厚のシイタケの軸を取り、砂糖水に漬ける。漬けた中でシイタケをもみ、キンコ状に形を整え、たこ糸でぐるぐるに巻きとめ、冷凍する。
②①を昆布出汁、酒、濃口醤油で淡味に煮含める。
③たこ糸をはずし、串を打ち、焼く。上にこのわたをかけ、強火でさっと焼く。

しめじ酒盗焼

①かつおの酒盗を酒で焚き、漉す。漉した地に酢をごく少量、濃口醤油少々で味を整える。
②大黒シメジを用意し、①の酒盗地で洗い、串を打ち、強火で焼く。
●酒盗地は塩加減により、酒の量を調整する。味にカドがあるようなら、味醂少々で整える。

茸玉汁焼

銀餡

①長手の角鍋に、酒塩で洗ったシメジ、エリンギ、マイタケ、アワビタケ、ハツタケなど、秋の茸を盛りだくさんに盛り込む。
②卵1、鶏出汁2の割合で合わせ、淡口醤油、塩、味醂で味を整え、玉汁とする。
●鶏出汁は鶏節（鶏の胸肉を乾燥させ、鰹節状にした製品）を使う。
③玉汁を張り、天火で焼く。上がりに銀餡を張り、ふりユズする。

秋の香

菊菜菊花浸し

①笠の大きなマツタケを用意する。軸は小線に切り、酒塩で洗い、アルミホイルに乗せ、天火で焼く。笠はふり塩しておく。
②すり身を昆布出汁、浮き粉、卵でのばし、先の軸マツタケを合わせ、真丈地を作る。それを笠に、小麦粉をまぶしてから、こんもりと塗りつけ、天火で焼く。
③あがりに一杯醤油を塗り、切り分け、ユズ酢を絞る。
[あしらい]
①菊菜をゆがき、酒八方に地漬けする。菊花の地漬けと合わせる。

●シイタケでも応用できる料理。

松茸松葉焼

柚子

①マツタケの石突きを包丁で削ぎ落とし、汚れをふきんで拭く。笠の所に十文字に切り込み包丁を入れ、松葉と共に酒塩（昆布出汁適量で薄める）に漬ける。
②アルミホイルを広げ、漬けたマツタケを松葉で苞状に包み、カンピョウで結びとめ、アルミホイルで包む。
③焼き網に乗せ、下火で焼き、再度天火で炙る。
④アルミホイルから取り出し、器に盛る。ユズのくし切りを添える。

松茸麹漬

針柚子

①マツタケのつぼみをそうじし、酒塩に漬ける。引き上げ、塩蒸しにする。
②麹に1割程の白味噌を合わせ、マツタケの蒸し地と共にマツタケをどぶ漬けし、4～5日おく。
③引き上げたマツタケに串を打ち、焼く。
④ユズ皮を針に打つ。

松茸宝楽焼

ぐじ塩焼き　揚銀杏　酢立

①酒塩に漬けて焼いたマツタケ、アマダイの切り身の塩焼き、揚ギンナンを用意する。
②宝楽に焼石を入れ、松葉を敷いて、①を盛り込み、酒をふりかける。蓋をして蒸し焼きする。

松茸芥子漬焼

蓮根餅

①笠の開いていない小さめのマツタケを用意し、酒塩に漬けてから蒸す。その蒸し汁でカラシを溶き、漬け込む。

②5日ほど漬けて取り出し、その漬け地にカラシ、麹、醤油を少し注いでかき混ぜ、再びこの中へ先のマツタケを漬け込む。

③半月程経ったら取り出し、串を打って焼く。漬床を塗り焼き上げる。

●漬け込むことでマツタケを保存しておくことができる。

［あしらい］

①レンコンの皮をむき、すりおろす。つなぎにヤマノイモと浮き粉を入れ、一度鍋で練り、火を通して塩少々で味をつける。

②半月切りにしたレンコンに小麦粉をまぶし、①のレンコンのすりおろしを挟み、油で揚げる。

松茸つけ焼

酢立　糸松魚

①中開きのマツタケをそうじし、笠から包丁を入れ半分にさく。
②串を打ち、酒1、醤油1、味醂0．5を合わせ、煮切ってタレを作り、2回かけ焼きする。

松茸照葉焼

ポン酢

①中開きのマツタケをそうじする。松葉と共に酒塩に漬ける。
②濡れ奉書、柿の照り葉で覆い、酒を吹きかける。
③焜炉で焼き、ポン酢を添えてすすめる。
●つけ合わせに車海老や栗、焼銀杏など盛り合わせてもよい。

蕪半干し焼

共葉味噌　柚子味噌

①聖護院カブの水々しいものを求める。厚めに皮をむき、イチョウ型に少し厚目に切り出す。
②竹串を刺し、半干しにする。串を打ち、強火で焼く。
●固くなるため、干しすぎないように気をつける。
③カブの葉を炭酸塩水に漬け、色よく茹でる。冷水に取り晒す。固く絞り、ザク切りして、フードカッターでペーストにし、白玉味噌と合わす。
④白玉味噌にユズの皮をすり合わせる。
⑤③、④の味噌を②のカブに塗り、二色焼きにする。

蕪釜焼

蟹蕪餡　ふり柚子

①小カブの葉を落とし、底を座りの良いように包丁する。
②アルミホイルで包み、オーブンで蒸し焼きにする。中をくり抜き、釜にする。
③くり抜いたカブとすりおろしたカブに、カニの棒身とカニミソを合わせ、鍋に入れ、酒、塩、白醤油で味を整える。薄葛を引き、カブの釜に戻し入れる。
④③を天火で焼き、ふりユズする。

焼蕪

生からすみ　割醤油

①小カブの葉を落とし、酒塩に浸してから、アルミホイルに包み、オーブンで焼く。

●焼きすぎないようにする。

②丸のまま表面を焼き、くし型に切る。生からすみ（からすみを完全に干し上げる前の物を使う）を丸め、天盛りする。

南瓜大徳寺焼

樋湯葉　南瓜の種

①カボチャをくし形に切り、塩蒸しする。表面に油を塗り、天火で両面焼く。

②大徳寺納豆を味醂に漬けて戻したものをカボチャに塗り、焼き上げる。

［あしらい］

①樋湯葉は、油で揚げてふり塩する。

②カボチャの種をよく水洗いし、水気をきり、2～3日干す。または、レンジで1～2分かける。皮をむき、フライパンで空煎りする。

南瓜釜焼

豆乳仕立　海老　生麸　チーズ　南京　椎茸

①小カボチャの天地を落とし、中をくり抜き、塩蒸しする。
②エビの殻をむき、背わたをそうじし、ゴロ切りする。
③生麸を適宜に切り出し、２００℃の油で素揚げする。それらを炒め焼きして下味をつける。
④くり抜いたカボチャ、シイタケを下煮する。
⑤豆乳０．６、牛乳０．４、昆布出汁1を合わせ、鍋に入れ、タマネギスライスの湯洗いしたものを加えて、白味噌で味を整える。弱火で火を入れ、漉す。その地に葛でとろみをつける。
⑥①の釜に、②のエビ、③の麸、チーズ、④のカボチャ、シイタケを入れ、⑤の豆乳クリーム（餡）を入れ、オーブンで焼く。

牛蒡餅若草焼

楤芽香煎揚

①土ゴボウの土をよく洗い流す。
②卸し金ですりおろし、ザルにあげ軽く水気をきる。ボウルに移し、餅粉6、白玉粉4の割合で合わせた粉を適量混ぜ合わせ、砂糖をごくごく少量入れる。小判型に形どり、蒸す。
③天板に並べ焼いて、蓬味噌を塗り、焼き上げる。

[あしらい]
①タラノメはそうじして、柿の種（煎餅）の香煎をつけて油で揚げ、素塩をふる。

和田牛蒡醍醐焼

胡麻豆腐　南京　百合根

①和田ゴボウ（北海道産）を水洗いし、適当に切り、蒸し器で蒸す。
●糖度が高いゴボウで香りが良い。
②昆布出汁に、白味噌、牛乳、豆乳を合わせ、炒めタマネギを加え醍醐汁を作る。
③①のゴボウを醍醐汁と共に合わせペーストにする。
④器に、胡麻豆腐、焼カボチャ、百合根を盛り、醍醐ペーストを注ぎ入れ、天火で焼く。

牛蒡射込み焼

壬生菜浸し　キヌア餡　柚子

①堀川ゴボウの皮の表面の汚れをタワシでこすり落とし、水洗いする。端を切り落とし、適当な長さに切る。鍋に入れ糠を入れて、20〜30分ゆがく。竹串がスッと入ったら、流水で糠が残らないようによく洗う。

②ゴボウの芯の〝ス〟がある所を円に打ち抜き、昆布出汁10、酒1、味醂1、濃口醤油1、砂糖少々で下煮する。

③ウズラを開いて骨をとり、ミンチにする。すり鉢に取り、酒を少量入れてのばす。②のゴボウを焚いた地で浮き粉を溶き、よくすり合わせる。淡口醤油、味醂、白味噌少々で味を整える。細かい道明寺粉を少量合わせる。

④②のゴボウの地をきり、芯に打ち粉をし、③のミンチを詰める。両端を濡らした薄板で蓋をして、ラップ紙でくるみ、蒸す。

⑤④を輪切りにし、串を打ってタレ（味醂6、濃口醤油4、砂糖少々）をかけて焼く。

[あしらい]

①ミブ菜を色よく茹で、冷水にとり、水気をきる。酒八方に仮漬けした後、淡口醤油で加減した八方出汁に漬ける。

②鍋に湯を沸かし、キヌアを入れて約10分茹でる。ザルに上げ粗熱をとり、水きりする。吸地加減の出汁に葛をひき、キヌアを混ぜる。

牛蒡山椒焼

三田牛イチボロースト　クレソン

①堀川ゴボウをタワシでよくこすり流水で洗う。適当な長さに切り、酒をふりかけ、アルミホイルに包んでオーブンで焼き、火を通す。
②輪切りにし、串を打ち、鰻ダレで焼き上げる。上りに香りの良い粉山椒をふりかける。

[あしらい]
①三田牛のイチボを適当にさく取りし、味醂、酒、濃口醤油を3対2対1で合わせたタレに漬け、真空にする。58℃で芯まで火を入れる。
②取り出し、表面を炙る。

牛蒡餅照焼

焼穴子　あられ人参　柚子　蕪餡

①土ゴボウを常の通り水洗いし、卸し金ですりおろす。
②水気を軽くきり、餅粉、上新粉を6対4で合わせた物を混ぜ、丸取りする。それを一度蒸して火を入れる。
③小麦粉をまぶし油で揚げてから、フライパンで焼き、三割味噌ダレで照焼きにする。

[あしらい]
①開きのアナゴを掃除し、串を打ち、一杯醤油で焼き上げる。
②カブをすりおろし、吸地加減の餡に混ぜる。ニンジンは、アラレに切り下味をとる。ユズもあられ切りにする。

銀杏油焼

苦ウルカ

①小ぶりの鍋に米油、アユの苦ウルカを入れ、薄皮をむいて直焼きしたギンナンを入れる。火にかけながら、熱々を食べていただく。

銀杏味噌焼

①杉板を水に漬けておく。
②水気を拭き取り、味噌を敷き、揚げギンナンを盛る。天火で焼く。
●味噌は、白玉味噌におろしユズを混ぜ、柚味噌にする。また、田舎味噌や赤味噌ベースなど各味噌で多様にできる。杉板の代わりに朴葉などを用いても良い。

銀杏塩衣焼

①ギンナンの殻を銀杏割で割り、立て塩に漬ける。
②平鍋に精製塩を適量入れ、軽く煎る。
③そこに①のギンナンを入れ、表面に塩をからめつける。
④ギンナンに軽く手水を打ち、再度塩をからめ、鍋蓋をして、蒸し焼きにする。
●鍋をあまり動かさない。
●塩衣をさくっと割り、殻をはずして、食べていただく。

大根巻田楽

三色味噌

①太目のダイコンの皮をむき、楕円状に薄切りして、薄い塩水で長目に霜降りする。冷水にとり、水気を拭き、ザルにあげ、半日陰干しする。
②白玉味噌に蓬ペースト、赤味噌に芥子ペースト、白玉味噌にすりユズを加え、三色の味噌を作る。
●蓬ペーストの替わりに木ノ芽でも良い。
③①を1枚1枚直火で両面を軽く炙る。3種の味噌を巻き、天火で焼く。

大根くわ焼

フォアグラ　芽ネギ　柚子卸し　山葵

①ダイコンを四角に包丁する。鍋に入れ、水、生米を適量入れ、落とし蓋をして火にかける。七分《ぶ》戻ったところで、塩をつまみ入れ、鍋止めする。

●こうして加熱するとダイコンの食感が生きる。

②流水に晒した後、昆布出汁、酒、味醂、塩、淡口醤油、薄揚を入れ、煮含める。

③煮含めたダイコンの地をしっかりきり、片栗粉をまぶしつけ、フライパンで両面焼く。

④フォアグラも同様に焼き、三割味噌ダレを入れからめて焼く。おろしユズ、山葵、芽ネギを天盛りする。

大根油焼

糸花　大根卸し　一味　旨出汁

①源助ダイコンを雪輪に包丁し、3㎝位の厚さに切る。
②平の鉄鍋に油をたっぷり目にたらし入れ、①のダイコンを並べる。15分~20分中火で両面焼く。途中、酒、昆布出汁を入れ、蓋をして火を入れる。
③ダイコンにサクリと歯ごたえがある位に火が入ったら取り出し、器に盛る。
④出汁3、濃口醤油1、味醂0.5の旨出汁を温めて張り、糸花ガツオ、ダイコン卸し、一味トウガラシを天盛りする。

大根餅

唐墨挟み焼　木ノ芽餡

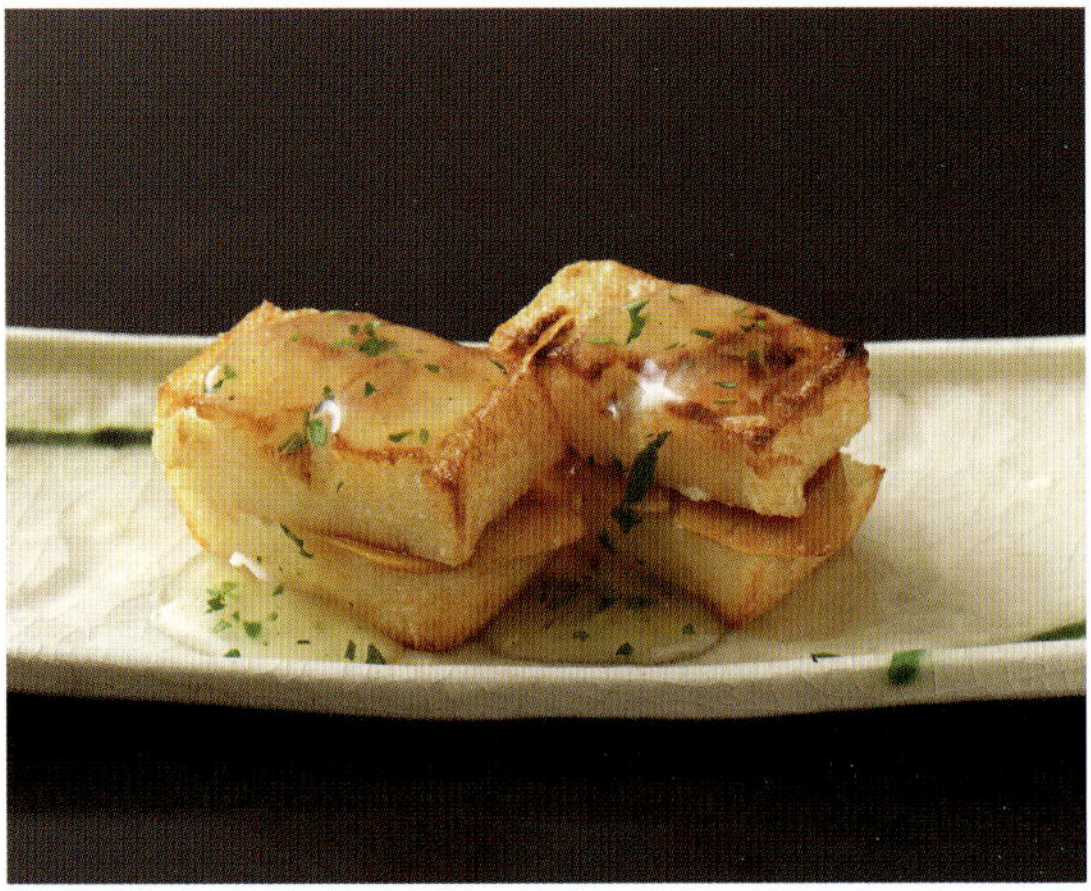

①ダイコンをすりおろし、水気をきる。
②昆布出汁3、吉野葛1、蕨粉0.5を合わせ、鍋に入れ練る。透明になり、力《りき》がでたら、ダイコンおろしを加え、さらに練る。塩少々で極薄い味をつける。
③流し缶に流し、冷やし固める。適宜な大きさに切り出し、巻鍋に油をひき、葛粉をまぶし、全面焼く。
④天板に移し替え、唐墨を挟み、天火で焼く。
⑤出汁に吸地加減の味をつけ、葛でとろみをつけて、叩木ノ芽を混ぜ、餡にしてかける。

葱肉味噌焼

①白ネギに蛇腹に細かく包丁目を入れ、3～4㎝くらいに切り、酒塩に漬ける。水気をきってから、油を塗り、串を打って七分《ぶ》焼く。

●包丁目を入れると噛み切りやすくなる。

②赤玉味噌に、空煎りした牛のミンチを加え、酒を入れて加減を整え、肉味噌を作る。

③焼いたネギの上に肉味噌を塗り、焼き上げる。

焼葱

鰹節　割醤油

①長目に切ったネギに蛇腹に細かく包丁目を入れ、酒塩に漬ける。水気をきり、油を塗って串を打って焼く。

②適当に切り、割醤油（出汁2、濃口醤油1、味醂0.3）をかけ、鰹節をふり仕上げる。

葱オイル焼

キャビア　オリーブオイル

①太目の水々しいネギに蛇腹に細かく包丁目を入れ3～4㎝に切り、酒塩に漬ける。
②串を打ち、オリーブオイルを塗り焼く。キャヴィア、オリーブオイル・キャヴィアを天盛りする。

押蓮根二度焼《ふたたび》

けしの実

①レンコンを水洗いし、節ごとに切り分け、鉄鍋に入れる。穴の開いた落し蓋をして、重石をのせ、たっぷりと水を張り、中火で3日程かけて戻す。途中重石を少しずつ重くしていく。
②水がひたひた位に減ったら重石をはずし、出汁、酒、淡口醤油、味醂で味をつけ、煮含める。
③②に串を打ち、焼く。
●煮たものを再度焼くので二度焼と呼ぶ。

焼蓮餅

海老　山葵

①レンコンの皮をむき、細かい目の卸し金ですりおろす。
②レンコンの端の方を粗みじんに切る。エビのゴロ切りと合わせ、煎り焼する。酒、淡口醤油、味醂少々で味付けする。
③すりおろした①のレンコンの水気をきり、少量の塩を入れ、②のエビを餡にし、俵形にとる。
④③を桂にむいたレンコンで巻き、打粉して、油で揚げる。
⑤フライパンに三割味噌ダレを入れ、からめて焼く。
⑥卸し山葵を天に盛る。

蓮根二味焼

芽生姜安倍川　塩焼　梅味噌焼

①レンコンの皮をむいて、水に晒し、水気をきる。厚さ１．５㎝位に包丁し、酒をふりかけ、塩をふり、焼く。
②梅肉を裏漉し、白味噌を合わせ、煮切り味醂で味を整える。その梅味噌を塗り焼く。

[あしらい]
①土中にまだ埋まっている灰汁の少ない芽ショウガをよく流水で洗い、ふきんで薄皮をそうじする。霜降りし、ザルに上げ、ふり塩して冷ました後、甘酢に漬ける。きな粉で和える。

●芽生姜は同様に下処理し、黒糖煮にしても良い。

餅蓮根芥子焼

大徳寺納豆松葉刺し

①太目のレンコンの皮をむき、水に晒す。立てて水気をきる。
②穴にモチ米を詰め、さらしでくるんで、昆布出汁に酒塩を加えた地にくぐらせ、蒸す。
③輪切りに切り分け、天火で焼く。練りカラシに白味噌、きな粉少々、淡口醤油、砂糖少々で味を整え、塗って焼く。

[あしらい]

①大徳寺納豆を小さくまるめ、松葉に刺す。

蓮根蒲焼もどき

実山椒味噌漬

①レンコンの皮をむき、水に晒す。水気をよくきり、すりおろす。ツクネイモのすりおろし1割、塩少々を加える。
②焼海苔に片栗粉をふり、①のレンコンの生地を塗り盛り、形を整えて、中温の油で揚げる。それに串を打ち、鰻ダレで2回かけ焼きする。

[あしらい]

①実ザンショウをそうじして、酒塩に1晩漬ける。銅鍋で色よく、やわらかく茹でこぼして、辛味が程よく抜けるまで流水で晒す。水気をきり、白玉味噌にガーゼで関所漬けにする。

●しっかり戻しておかないと、実がしまってしまうので注意する。

加工品

高野玉汁呉の香り焼

銀餡　木ノ芽

①鍋に炭酸を適量入れ、高野豆腐を並べる。浮いてこないように、穴あきのステンレス製の落し蓋をして、熱湯をまわし入れ、冷めるまでおく。
②柔らかく戻ったら、静かに流水で洗い、水気をきる。
③卵を割りほぐし、豆乳と同割で合わせ、砂糖、淡口醤油で味を整えた地に、先の高野豆腐を1時間位浸す。
④地から引き上げ、フライパンに油をひき、両面じっくり中まで火を通し、焼き上げる。
⑤適宜に切り出し、器に盛り、吸い地に葛を引いた銀餡をかける。

寄蒟蒻田楽

赤味噌　木ノ芽味噌

①糸コンニャクを5㎜位に切り分け、鍋に入れ、塩を加えてゆがき、岡上げする。
②豆腐をしっかりと水きりし、裏漉す。裏漉しした豆腐に対して1割弱のツクネイモのすりおろしを混ぜ合わせ、味醂、淡口醤油で極々薄い下味をつける。
③①の糸コンニャクと混ぜ合わせ、流し缶に詰め、蒸し上げる。
④上蓋をして平らに重石をかける。
⑤冷めたら切り出し、田楽串を打ち、赤玉味噌、木ノ芽味噌を塗り、焼く。

蒟蒻味噌漬

①コンニャクを適宜に切り出し、塩もみし、ゆがく。
②鍋で空炒りして水分をしっかり飛ばした後、味噌漬けする。
③胡麻油を塗ってから網焼きする。
●好みで厚さを調整する。

蒟蒻利休焼

芥子の芽

①平コンニャクを好みに切り分け、ゆがいて岡上げする。
②両面に鹿の子包丁を入れる。
③ときガラシ、当り胡麻、淡口醤油、砂糖、卵黄を合わし、火にかける。火が入ったら冷ます。
④コンニャクに串を打ち、強火の近火で焼く。充分に火が通ったら先のからしダレを2～3回かけて焼く。
[あしらい]
①カラシのスプラウトをあしらう。

桜海老真丈あおさ焼

菜ノ花浸し

①すり身を昆布出汁でのばし、よくすり合わせる。
②玉子の素、山ノ芋のすりおろし、浮き粉を入れてよく擂り合わせ、下味を塩、味醂でつける。そこに桜海老の釜揚げを混ぜ合わせ、形を整えて蒸す。
③天板に並べてオーブンで焼く。
④卵白を塗ってアオサ海苔を上にのせて、再度焼く。
[あしらい]
①菜ノ花の浸し（127頁参照）に、煎り玉子をふりかける。

もろこし真丈

醤油焼　オクラ東寺揚

①すり身を擂り鉢でよくする。柔らかくなったら昆布出汁を徐々に加え、玉子の素、昆布出汁で溶いた浮き粉を加えてさらにする。ヤマノイモのすりおろしを少量加え味醂、塩で味を整える。トウモロコシの実に打ち粉をして、加え混ぜる。
②パイレッシュにクッキングシートを敷き、薄く油をひき、①のもろこし真丈を形を整え並べ、85℃位で蒸し焼にする。
③天板に並べ、醤油を刷毛で塗り焼く。
[あしらい]
①オクラに湯葉粉をつけて油で揚げる。

茶〆豆腐

蓬味噌　胡桃素揚

①木綿豆腐の水気をきり、粗く砕く。
②巻き簾にガーゼを敷き、砕いた豆腐を置き、直径5㎝の円筒状にして、両端をきつく縛る。
③番茶を香りよく煮出して漉す。鍋に②を入れ、漉した番茶をたっぷりと注ぎ、塩少量を入れ、1時間ばかり煮る。
④引上げて一度水洗いし、水切りする。適当に切って油をひいた天板に並べ、焼く。
⑤白焚味噌を甘酒でのばし、蓬の葉のペーストを混ぜて、蓬味噌を作る。
⑥蓬味噌を鍋で温めて、かける。

［あしらい］
①薄皮をむいたクルミを160℃位に熱した油で素揚げする。

●クルミは崩れやすいので注意して揚げる。

塩焼豆腐

精進飯蛸　焼椎茸　菜ノ花

①豆腐を丸抜きし、ふり塩して、軽く重石をかけ水切りする。
②表面に油を薄く塗り、天火で両面焼く。

[あしらい]
①薄い板状の生麸を用意し、8㎝四方位に切り分ける。
②中心に固めに蒸し上げたモチ米をおき、茶巾状に包み、白板昆布で縛る。
③②を油で一度揚げ、味醂、酒、溜り醤油、白味噌の合わせ地でフライパンで照焼きする。
④シイタケの軸を取り、酒塩に漬け、ふり塩して焼く。
⑤菜ノ花の浸しを添える。

春駒焼

蕨　のし梅　煎酒　山葵

①豆腐を水切りし、出汁3、濃口醤油1の割醤油で煮〆る。
②地をしっかりときり、油で素揚げする。
③②を薄くスライスし、灰汁抜きして地漬けしたワラビを巻き、天火で焼く。
④煎り酒（煮切り酒2升、味醂5〜6合、濃口・淡口醤油2.5合、梅干し20〜30個、追鰹で少し煮詰める）をかけ、のし梅、山葵を盛る。

擬製豆腐

大徳寺納豆

①木綿豆腐に重石をし、よく水切りする。擂り鉢でよくすり、砂糖を少し多目に入れ、淡口醤油で味を整える。
②卵黄を加え、粘りが出るまですり混ぜ合わせる。
●豆腐4丁に対し卵黄5個分位。卵の替わりにとろろ芋を混ぜてもよい
③卵焼器に胡麻油を塗り、空気を押し出すように上から押さえながら②を詰めていく。
④上蓋をして重石をし、中火よりやや弱目の火で20~25分焼く。
⑤焦げ目が軽くついたら裏返し、再び油を卵焼器に塗り、反対の面を同じ位焼く。
⑥冷めるまで重石をして豆腐をおちつかせる。
●中にクルミや、ムカゴ、五目野菜などを入れて焼いてもよい。口取りの一品などに向いている。

[あしらい]
①大徳寺納豆を小丸に丸めてちらす。

蓬麩胡桃田楽

公孫樹板麩呂焼

①蓬生麩を油にくぐらせ串を打ち、焼く。
②両面焼いたら赤玉味噌を塗り、その上にクルミをのせてさらに焼く。

【あしらい】

①庄内麩を固絞りしたふきんで挟み、少し戻す。
②イチョウ型に切り取り、天板に並べ、弱火で乾かす。
③卵黄に塩、一味唐辛子を少し合わせて、刷毛でむらなく塗り、呂焼きにする。

丁字麩白地焼

椎茸　万願寺唐辛子　人参

①丁字麩を二枚にへぎ、天板に並べ炙る。
②絞り豆腐と豆乳クリームを合わせ、千切りにして下煮したシイタケ、万願寺トウガラシ、ニンジンを混ぜ合わせ、白味噌、砂糖、塩少々で味を整える。
③①の丁字麩にのせて焼く。

御所麩味噌だれ焼

粉山椒

①味醂6、酒4、濃口醤油1、白味噌1を生合わせし、鍋に入れ、アルコールを飛ばし、適度に煮詰める。
②御所麩を半分に切り、串を4本打ち、素焼きする。
●強火で焼いていく。
③①の味噌ダレを2〜3回かけ焼きし、適当に切り分け、粉山椒をふる。

餅麦麩油焼

山かけ　青海苔　山葵

①兵庫産のモチムギを混ぜた生麩を求め、棒状のまま、200℃の油で揚げる。
②一口大に切り、天板に並べ焼く。
③一杯醤油を刷毛で2回塗り、焼き上げる。
④器に盛り、ツクネイモのとろろをかける。青海苔、ワサビを盛る。

大徳寺麩胡麻味噌焼

焼オクラ　焼蓮根

①大徳寺麩に熱湯をかけて油抜きする。
②水に漬けてもみ、水切りする。輪切りにし、細串を打つ。
③両面焼き、あがりに胡麻味噌を塗って焼く。

[あしらい]

①オクラ、レンコンを素焼きする。

湯葉山ノ芋味噌だれ焼

黒胡麻　山葵

①ツクネイモの皮を厚めにむき、水に晒し、灰汁抜きする。
②擂り鉢ですりおろし、よくあたり、力を出す。醤油少々で淡味をつける。
③引き上げ湯葉を広げ、細串で針打ちし、②のとろろを巻き、両端を中に折り込み巻き込む。小麦粉の水溶きを巻き終わりに塗る。
④巻いた湯葉を網に置き、天火にかざして焼く。両面焼き目がついたら味噌ダレ（田舎味噌、味醂、酒、砂糖を合わせ鍋で練り、裏漉す。それを重湯でのばす）を数回塗りながら焼き上げる。黒胡麻をふる。

巻湯葉田楽

木ノ芽味噌　柚子味噌　赤味噌

①小巻湯葉を3㎝位に切り揃え、竹串を打ち、中温の油で揚げる。

②白玉味噌に青寄せ、木ノ芽をすり合わせる。

③ユズの皮を米のとぎ水に漬け、ゆがき、晒した物を裏漉しし、白玉味噌にすり合わせる。

④赤味噌に砂糖、酒、味醂、卵黄を合わせて練る。

●精進の場合は卵黄を抜き、味を加減する。

⑤①の湯葉を油抜きし、水気をきる。天板に並べ、②の木ノ芽味噌、③の柚子味噌、④の赤味噌をかける。

⑥焼き上げ、青竹串を打ち、器に盛る。

汲湯葉醍醐焼

餅麸　椎茸　百合根　銀杏　べっ甲餡　ふり柚子

①昆布出汁1、牛乳0.6、豆乳0.4、白味噌で味を整え醍醐汁を作る。

●炒めたタマネギを加えて煮出してもよい。精進の場合は入れない。

②汲湯葉と醍醐汁を合わせ青竹の器に入れ、揚げた餅麸、下煮したシイタケ、ユリ根、ギンナンを加薬として入れ、天火で焼く。

③昆布出汁10、酒1、味醂1、濃口醤油1でべっ甲餡を作り、かける。

重ね湯葉木ノ芽焼き

山葵

①柔らかめの引き上げ湯葉を重ねて押す。
②切り出して、挟み串をして若狭地をかけながら焼き上げる。
③叩木ノ芽をふる。

汲湯葉豆腐諸味焼

花山椒

①昆布出汁4、葛1を合わせ、鍋で練り、透明になったら汲湯葉を混ぜ入れ、さらに練る。
②流し缶に流し、冷やし固める。
③切り出し、天板に並べてオーブンで焼き目をつける。
④諸味味噌を刃叩きし、煮切味醂でのばし、塗って焼く。

[あしらい]

①花山椒の青煮（70頁参照）を添える。

盛込み・焼八寸

ご馳走としての焼物

祝儀の宴席に際に欠かせないのが尾頭つきのタイの塩焼きであるように、焼物は献立の中でご馳走の地位を占めている。ご馳走感をさらに高めるには、一皿に複数の焼物を盛り込んだり、「焼八寸」と称して取り回しにしたりすれば、見た目に美しく演出することが可能となる。

鯛を姿に焼く

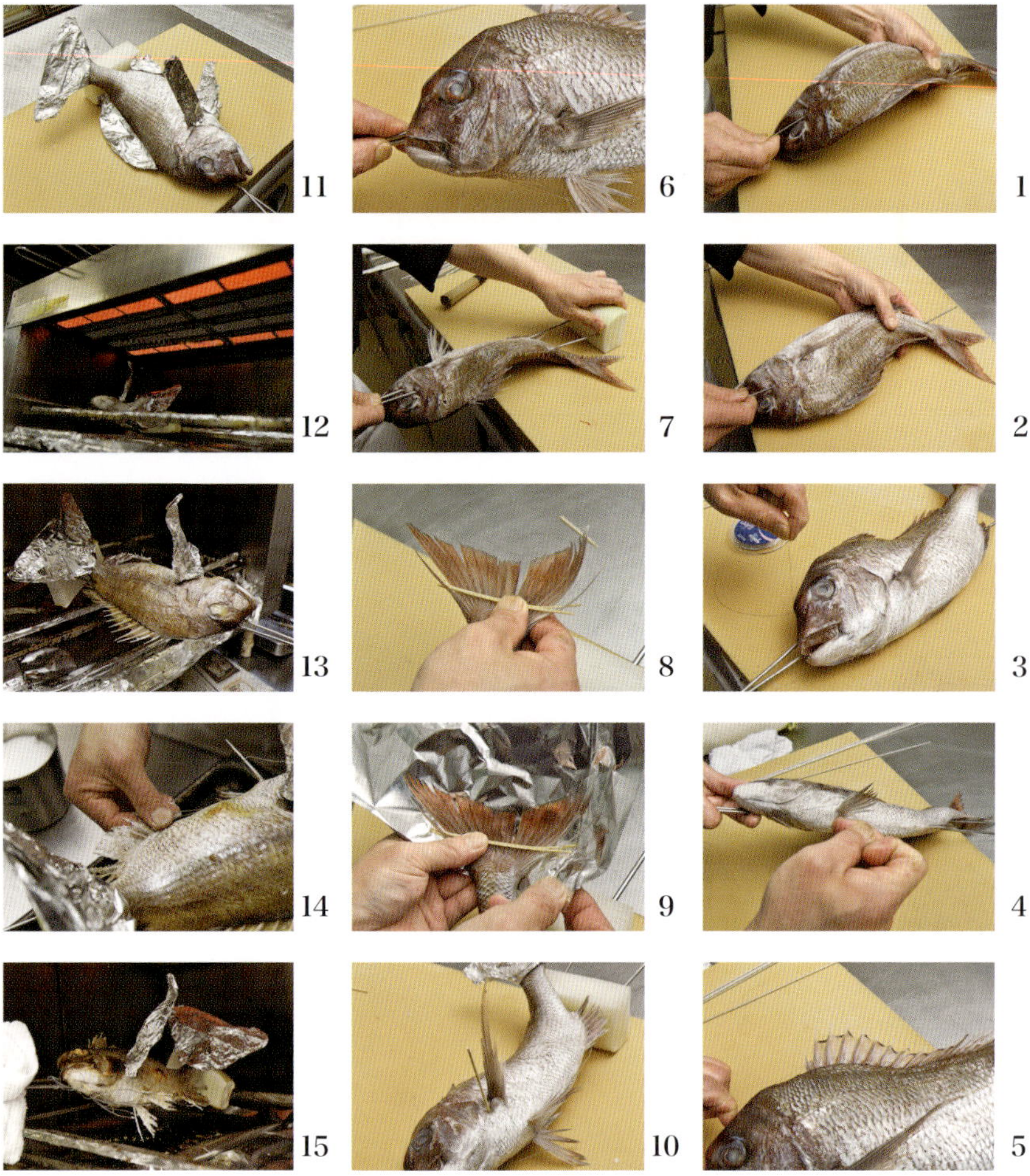

鯛姿焼

はじかみ　酢立

①まず鯛の目の下から串を刺す。背骨の下に向けて突き通した後、身をうねらせて登り串の要領で縫うように突き刺していく。ただし登り串と違って皮から外に貫通させない。

②添え串はまっすぐ突き通す。鯛の顔の前で交差するようにする。

③鯛の顔の前の2本の串が交差したところにピアノ線をからめる。

④腹ビレにピアノ線をひっかけて顔のほうにひっぱり、ヒレを立てる。

⑤背ビレ、尻ビレも同様にピアノ線で立てる。

⑥最後におでことあごにピアノ線を回して口を閉じる。

●あるいは短く切った串を刺して止めてもよい。

⑦2本の串の先に四角く切ったダイコンの台を刺して固定する。

⑧両端に切れ込みを入れた竹串で尾ビレを挟んで広げる。

⑨焦げないように尾ビレをアルミホイルで包む。

⑩胸ビレは、根元に短く切った串を刺してヒレを立てる。

⑪すべてのヒレをアルミホイルで包む。

⑫上火の焼き台で焼く。盛り付け時に上になるほうを上にして焼き台に入れ、上から七分通まで焼く。

●この焼き台はバーナーが4列あり、両端の2本だけで焼いている。

⑬裏返して残り三分を焼き上げる。

⑭ヒレのアルミホイルをはずして、霧を吹きかけ、塩を塗る。

⑮仕上げに盛り付け時に上になるほうを再び焼き、油を落とすとともに、塩を焼き固める。

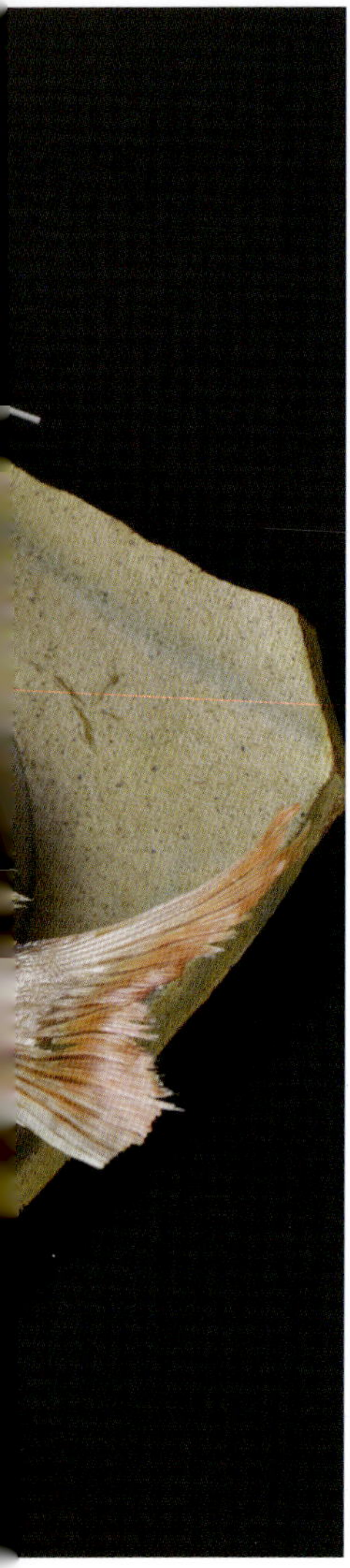

小鯛赤飯包み焼

奈良漬呂焼
結びのし梅
はじかみ
金箔

①小鯛をつぼ抜きし、ウロコを引いて水洗いし、尾頭と腹骨を付けて、姿におろす。頭付の中骨をきれいに水洗いして、姿焼の要領でヒレを立てて串を打ち、天火で、火加減を調整しながら焼く。

●頭・カマ部分と骨の部分では、火の入り具合に時間差が出るため、濡らした奉書をかぶせたり、アルミホイルなどを使い、均等に火を入れる。

●135℃のオーブンで40分位かけて焼いても良い（鯛宝船盛り三味焼き参照）。

②あがりに、味醂を刷毛で塗り、つやを出す。

③おろした身を酒塩に漬け、身を締める。皮目を下にして、片開きにし、赤飯を包み込み、串を打ち、酒をふりかけながら、焼く。

●活きが良いタイだと身が爆ぜるので気をつける。

【あしらい】

①奈良漬を棒状に包丁し、細かく斜めに包丁目を入れ、串を打ち、卵黄を刷毛で塗り呂焼きにする。

②のし梅を紐状に切り出し結ぶ。

【盛り付け】

①「振々」（ぶりぶり。両端が細くなった八角柱）型にダイコンを包丁し、アルミホイルで巻いたものを枕にして、姿のタイの骨を盛る。

②タイの赤飯包みを盛り、金箔をふる。水引きを飾り、はじかみを添える。

3

2

1

鯛宝船盛三味焼き

一、青海苔
一、黒胡麻
一、翁昆布
天上昆布　宝莱椎茸　初神正賀

①鯛をつぼ抜きし、ウロコをひいて水洗いする。尾頭と腹骨を付けて、姿におろす。
②その中骨をきれいに水洗いし、踊り串を打ち、各ヒレを細針金で立たせて姿を整える。天板にアルミホイルを敷き、クッキングシートを敷き、さらに大根の桂むきも敷く。
③②の中骨を置き、頭と尾に大根でつくった台座をあて、135℃のオーブンで40分焼く。
●オーブンで焼いている最中に、途中で〝串回し〟をすること。
④上がりに味醂を塗り、艶を出す。
⑤上身は切り身にし、ふり塩する。平串を打ち、三分の二は黄身蝋焼きにし、上に煎って粉状にした青海苔、太白とろろ昆布をそれぞれかけて、仕上げる。
⑥残る三分の一は、卵白を塗り、黒胡麻をふる。
⑦この切り身を、姿焼きにした中骨に宝船の俵のように盛りつける。

【あしらい】
①上質の幅広の真昆布を、10分程水で戻す。穴の開いた長方形の板を用意し、その板の形に合わせて真昆布を切る。数枚重ね、上に穴を開けた板をのせてたこ糸で縦横きっちりと結ぶ。
②鍋に入れ、昆布の戻し汁（昆布出汁）8、酢2の割合で合わせた合わせ酢をたっぷり張り、一昼夜そのまま漬ける。火にかけ、軽く重石をして、濃口醤油、赤酒、砂糖で味をつけ、3日くらいかけて煮る。
③冷まして引き上げ、重石をかけて真昆布同士を密着させる。切り口を見せて盛りつける。
●または、幅広に切り揃えた昆布を竹皮で結わえ、鍋に入れ、水8、酢2をたっぷり張り、一晩置く。落とし蓋をして、調味料を加え、炊き上げる。のち冷まして引き上げてから、適量を重ねて重石をし、形を整えてから四角く包丁する。
④シイタケの軸をとり、傘の裏に打ち粉をし、すり身を塗り、蒸し上げる（85℃くらい）。
⑤冷まして赤のみじん粉をつけ、油で揚げ、ふり塩をする。

焼八寸

焼筍　木の芽味噌

一、蕨吸いとろろ
一、こごみ胡麻浸し
一、鴨ロース
一、鱒昆布〆山干瓢《うるい》巻　粒マスタード
一、織部椎茸
一、蕗の薹味噌挟み
一、金漆衣揚げ
一、花片人参

①タケノコを水洗いし、土を落とし、穂先から軽く包丁目を入れて下茹でする。

●朝掘りの物は下茹でせず用いる。灰汁の強いものは、ぬか、タカノツメを入れてゆがく。

②皮をむく。このときタケノコの皮を姿なりにまとめてむき、筍の身を取り出す。身に串を打ち、酒焼きする。

●強火で焼き目をつけるように。

③先のタケノコの皮にて適宜な大きさに切り出した筍の身を包み、竹皮のひもで結び、石焼きする。

【あしらい】

①灰汁抜きし、地漬けしたワラビを粗叩きする。昆布出汁に煎り米で風味づけした吸い地で卸しとろろ芋をのばし、ワラビを混ぜる。

②煎り胡麻を擂り鉢でよくすり、出汁、醤油、味醂で味をととのえ、ゆがいたこごみを浸す。

③活マスを三枚におろし、上身にし、薄塩した後造り身にする。練麹に漬けてから、煎り酒で洗って白板昆布で昆布〆にする。ウルイをゆがき、ザルに上げ、陰干しする。それを濃口八方で煮含めて、地をきり、先のマスで巻く。

④合鴨の胸肉を掃除して、皮目をフライパンで焼き、湯に通し油抜きする。味醂、酒、濃口・淡口醤油を合わせた地で蒸し煮込みにする。地から引き上げ、ほどよく血抜きをし、冷ました地（油が浮くので漉す）に漬ける。

●地の中に山椒の実を入れて、風味づけする。

⑤シイタケの軸を取り、打ち粉をして、すり身をつけて蒸す。ふり塩して青海苔をつける。

⑥花びらにむいた人参を甘八方で炊く。こしあぶらは１５７頁、ふきのとうは１７３頁を参照。

⑦有馬籠に笹、野咲きのふきのとうなどをあしらい、矢《や》鱈籠《たらかご》に温石を敷いた上に焼筍を盛り、別猪口に木の芽味噌を添える。

●山と川の素材で仕立て、二種類の籠を使って盛り付けた野趣のある八寸。

焼八寸

一、若鮎塩焼
　　唐揚
　　蓼酢
つぼつぼ
一、筍木の芽味噌焼
一、たらの芽香煎焼
一、松露椎茸照焼
一、山独活山椒たれ焼
一、鰻八幡巻
一、筍丸
一、蕨葉山椒和へ
一、つわぶきけし揚
一、花山椒旨煮
一、酢取茗荷　花片生姜

①活け鮎に踊り串を打ち、塩焼きする。一方は活けのまま小麦粉を軽く打ち、唐揚げし、ふり塩する。別猪口に蓼酢を添える。

②タケノコを茹で、木の芽味噌（玉味噌に青寄せ、擂り鉢ですった木の芽を加える）を塗って天火で焼く。

③山ウドをゆがき、粉ザンショウを加えた三割だれでたれ焼きする。

④冷凍してショウロの形にしたシイタケ（80頁参照）をフライパンに入れ、三割味噌だれをからめて焼く。

⑤鰻八幡巻は252頁を参照のこと。

【あしらい】

①下ゆでし、灰汁抜きしたタケノコの根元をすりおろし、餅粉を適量合わせて塩、味醂で下味をつけ、丸に取り、蒸す。それにおかきを砕いた衣をつけ、油で揚げる。

②ワラビをあく抜きし、八方出汁で二度漬けする。粗く刃叩きして叩ワラビにし、旨出汁（出汁4、濃口醤油1、味醂1を合わせ追鰹する）で和え、叩木ノ芽を加える。

③つわぶきけし揚は186頁、花山椒旨煮は188頁参照。

【盛り付け】

①流水陶漆の大皿の中央に青竹をのせ、中に粗塩を敷き、玉砂利を入れ焼炭を入れる。この上に鮎を盛る。その他の焼き物、あしらいを左右に盛り込む。

●鮎をメインに召し上がっていただくため、沖のものは使わず、山里のもので調和よく仕上げる。

夏野菜他盛込み

一、焼枝豆
一、蓮根梅味噌焼
一、御手洗牛蒡照焼
一、南京大徳寺焼
一、アスパラ塩焼
一、おこげ醤油焼
一、ズッキーニトマト焼
一、鴨ロース
一、万願寺油焼
一、もろこし寄せ揚げ
一、鱧梅南蛮焼
一、小玉葱肉味噌焼
一、オクラ土佐焼
一、加茂茄子フォアグラ味噌焼
一、茗荷黒焼
一、ひねり芋雲丹焼

①エダマメを擂り鉢にとり、水、塩を入れてもみ洗い、流水で洗う。鍋に湯を沸かし、塩を入れ、ゆがく。冷水にサッとくぐらせ粗熱を取り、塩をふり岡上げする。網に並べ、直火で焼く。
②レンコンを水洗いし、適当な幅に切り水に晒した後、水気をしっかりきる。油にくぐらせ天板に並べ、煮白味噌（酒と白味噌を同割で合わせ練り戻す）に梅肉を混ぜた梅味噌を塗って焼く。
③タワシを使って、流水でゴボウの汚れをこそげ洗う。水気をきり、おろし金ですりおろし、ザルにあげ、水気を軽くきる。ボウルに移し、上新粉、餅粉を入れ混ぜ合わせ、丸に取る。面器にクッキングシートを敷き、丸にとったゴボウを並べ蒸す。冷ました後、小麦粉をまぶして油で揚げる。フライパンに味噌ダレを合わせ入れ、先のゴボウの丸を入れ、照焼きし、上がりに粉山椒をふる。
④小カボチャをくし型に包丁し、蒸す。天板に並べ、大徳寺納豆を味醂で浸したものをかけて焼く。
⑤アスパラ塩焼は132ページ参照。
⑥おこげを高温の油で揚げる。醤油パウダーをふり、焼く。
⑦ズッキーニを適当な厚さに切り、フライパンに油を引いて両面を焼く。

天板に並べ、そこにトマト味噌（湯むきしたトマト、田舎味噌、味醂を混ぜ合わせ、鍋で火を入れたもの）をかけて焼く。

⑧合鴨の胸肉を用意し、周りの脂をそうじし、筋切りする。フライパンで皮目だけを焼き、湯で脂抜きする。水気をきり、酒2、味醂3、濃口醤油0．6、淡口醤油0．4の地を合わせ少し煮詰め、その地の中に先の鴨肉を漬け、蒸し煮込みにかける。適度になれば地から揚げ、串をさして吊るして、冷めるまで血抜きする。地も冷まして漉して、浮いた脂をすべて取った後、鴨肉を戻して地漬けする。

⑨万願寺トウガラシ（青、赤）を筋包丁して種を取り、油にくぐらせ、塩をふって焼く。

⑩トウモロコシをばらし、寄せ揚げにする。

⑪ハモを3㎝位の落としにして天板に並べ、タマネギのすりおろし、梅肉を混ぜ鍋で練り合わせ、煎酒で加熱し、タレとして先のハモにかけて焼く。

⑫小タマネギの皮をむき、天地を落とし、塩水で洗い、アルミホイルで包んで蒸し焼きする。牛挽肉を鍋に入れて煎り、みじん生姜、赤玉味噌を入れて練り上げる。先の小タマネギの上にかけて焼く。

⑬オクラの産毛を塩でこすり落とし、ヘタの固い部分は切り落とさずに包丁で山型にむく。真中に包丁で切り込みを入れ、串を打ち、油を塗り強火で焼く。一杯醤油をかけ粉鰹をまぶし焼き上げる。

⑭加茂ナスを縞むきし、油を塗り、フライパンで蓋をして蒸し焼きする。天板に並べ、赤玉味噌にフォアグラムースの裏漉しを混ぜ合わせたフォアグラ味噌を塗って焼く。天に樋湯葉を揚げた香煎をふる。

⑮ミョウガを縦に切り、串を打ち、油を塗り、直火焼きする。黒胡麻ペーストと田舎味噌、砂糖を合わせ、先のミョウガに塗り焼く。

⑯ひねり芋雲丹焼は190ページ参照。

鰻八幡巻
味噌漬鰻木ノ芽焼

蛇籠蓮根
十賊独活
沢蟹
河海老

[鰻八幡巻]
①ウナギを背開きにし、一晩置く。
●焼く途中、身を爆ぜさせないため。
②ゴボウを洗い、縦に切り、糠ゆがきをして清湯し、濃口八方で煮含める。
③一晩置いたウナギを、縦に尾の先を切り離さずに包丁する。互い違いにゴボウを組み合わせ、皮目を表にしてウナギを巻きつける。
④爪楊枝、たこ糸で留め、串を打ち焼く。途中で串を打ち替え、全面を均一に焼く。
⑤八幡巻を縦に持ち、鰻タレを3回、芯にタレが入るようにかけて焼き上げる。上がりに粉ザンショウをふる。

[味噌漬鰻木ノ芽焼]
①ウナギを開き、適当に切り分ける。串を打ち、白焼きし、串を抜く。
②粒白味噌を味醂でのばし、①のウナギを2日間味噌漬する。味噌床から引き上げ、身をくずさないように串を打ち、弱火で焼き上げる。
●焦げやすいので注意する。
③上がりに味醂を塗り、叩木ノ芽をまぶす。

[あしらい]
①レンコンを桂にむき、立て塩に漬ける。酢ゆがきし、岡上げし、甘酢に漬ける。
②ウドの枝の細い所を円柱にむき、酢水に漬ける。
③酢ゆがきして、甘酢に漬ける。取り出し、青海苔粉をまぶす。
④サワガニを180℃の油で揚げ、鍋に甲羅を下にして入れる。味醂3、酒2、淡口醤油0.5の地を入れ、紙蓋をし、艶煮にする。
⑤河エビもサワガニと同様に油で揚げ、玉酒6、味醂1、淡口醤油1、かくしに砂糖を入れ、芝煮にする。

[盛り付け]
①以上を玉砂利を入れたガラス器に盛りつける。

伊勢海老入船 金銀焼

一、紅白膾
一、赤飯麩煎煮
一、加良寿美
一、蛤雲丹焼
一、御多福豆
一、筍磯辺焼
一、初神正賀
一、曙梅

①伊勢海老で入船を作る。伊勢海老を頭、胴、尾に分ける。身を取り出す。頭の殻、足、胴、尾を菜箸で安定させ、たこ糸で縛る。鍋に湯を沸かし、そこに酢、塩、タンサン、レモンの皮を入れて、色よくゆがく。引き上げ、冷水で粗熱をとり、岡上げする。刷毛で味醂を塗って艶を出し、ぬらしたさらしをかぶせて冷ましておく。
②頭部のところをハサミで切り離し、胴を裏返した先の方に頭部を上にして、大根でぶりぶり型の台座を作り、組み合わせる。足の上に置き、キリで穴を開け、竹串で安定させる。
③取り出した伊勢海老の身を適宜に切り分け、串を打ち、ふり塩をして、蝋焼に仕上げ、金箔、銀箔をふり、金銀焼きにする。

[あしらい]
①赤飯を芯にして生麩で棒状に包んだ赤飯麩を油で揚げ、フライパンで煎り焼きし、三割味噌だれをからめる。
②大根、人参を拍子木に切り、立て塩に漬けて土佐酢で洗う。唐墨を小判型に包丁し、二本焼き目をつける。
③ハマグリの身をそうじして、包丁で切り目を入れる。殻に戻して天火で七分《ぶ》焼く。生ウニをのせて軽くふり塩して焼き、あがりに一杯醤油を塗る。
④タケノコを酒煮し、切り出して磯海苔の炊いたものをのせ、焼く。
⑤乾燥のソラ豆を水に浸し、重曹を少し入れて3日くらいかけて戻す。充分戻ったら、浸し汁ごと鍋に入れ、弱火でじっくり戻す。
●このとき、ソラ豆を踊らせないこと。
⑥のち水で晒し、鉄鍋に移して、水を張り、砂糖を数回に分けて入れ、味を含ませる。上がりに醤油を打つ。
⑦梅干しに無数に針打ちをし、沸いた湯の中に漬け、火を止める。冷めるまでおく。それを3～4回繰り返し、水で晒す。鍋に入れ、弱火で踊らないように、火を入れる。のち、また晒して、塩加減を味見し、そっとザルに上げ水気をきる。水1升、砂糖600gの蜜で煮含める。
●田舎煮にする場合は、蜜の代わりに旨出汁で煮含める。

[盛り付け]
①膳に入船を盛り、小笹、松葉、梅枝をあしらい、松竹梅とし、金銀水引を添える。

伊勢海老入船の作り方

1

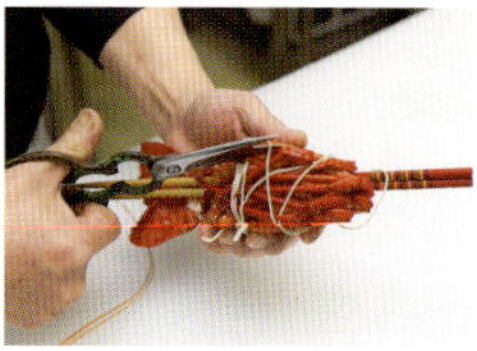
2

3

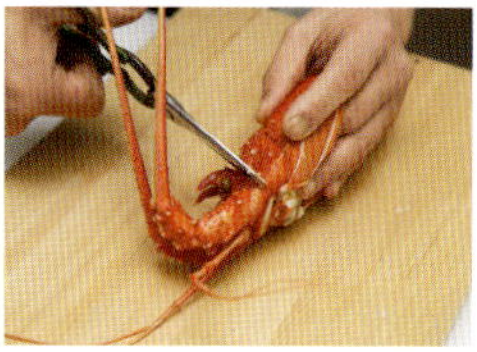
4

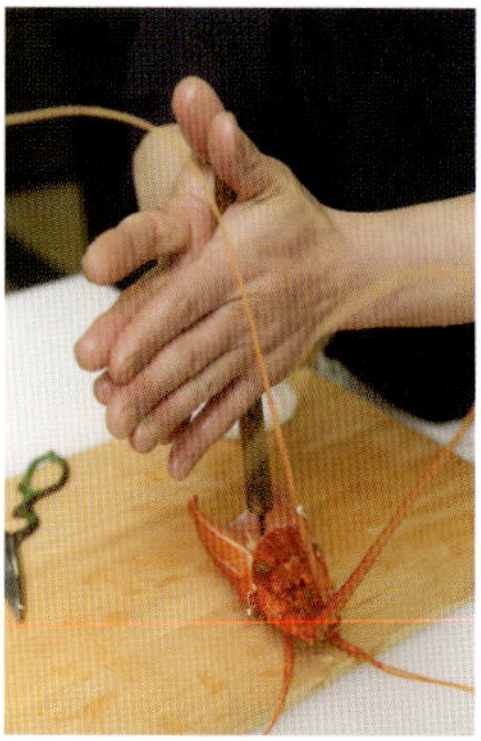
5

6

7

8

9

10

①伊勢エビの頭部の下の殻と胴部（尾）の殻を組み合わせる。まっすぐになるように菜箸を通して、脚を折り畳み、タコ糸で結わえて固定する。大鍋に熱湯を沸かし、粗塩をひとつかみ、炭酸、酢を入れ、落し蓋をして、沸騰してから約15分間ゆでる。水洗いして粗熱をとり、艶出しのために刷毛で味醂を塗る。濡らした布巾をかぶせて冷ます。

●ひげを折らないように気をつけて作業する。また完全に火を入れないと、黒く灰汁がまわるので注意する。

②タコ糸をハサミで切りはずす。

③頭部の下の殻と胴部（尾）に分け、中をよくそうじする。

④頭部の殻の先をハサミで切り、取りはずす。

⑤切り離した殻を上に向けて置き、はずした殻を組み合わせ、キリで穴を開ける。

⑥台座になるダイコンを伊勢エビの長さに合わせてきり、亀甲型に包丁する。

⑦ダイコンがずれないようにアルミホイルで包む。

⑧台座に脚部の殻を固定する。

⑨⑤の殻を置き、位置を決める。

⑩胴部（尾）の殻を組み合わせて竹串を刺して固定する。

あしらい索引

ハ

ナ

ヤ・ラ・ワ

マ

用語集

ア

あおよせ　青寄せ
料理に緑色をつける色素。ゆでた青菜などから作る。

あがり　上がり
料理のでき上がり、料理の仕上がり際のこと。

あさじ　浅茅・浅路
浅茅とはまばらに生えた丈の短い茅（ちがや）のことで、白胡麻を使った料理につけられる名称。

あたりごま　当り胡麻
油が出るまでよくすったゴマ。

いこむ　射込む
素材の中身をくり抜き、魚のすり身や調味したミソなどを詰めて作った料理。

いっぱいじょうゆ　一杯醤油
下味をつける目的で一回だけたれをかけること。

おがわぼうちょう　小川包丁
小川のように筋状に包丁目を入れること。

カ

かけやき　掛け焼き
材料をまず素焼きにしてから、たれをかけては焼いて照りを出す焼き方。

かのこ　鹿の子
鹿の背の斑点に見立てて、格子に包丁目を入れること。

かんのんびらき　観音開き
素材の中央に切り込みを入れ、そこから左右外側に向かって包丁を入れて一枚に開くこと。

きゃらに　伽羅煮
香木の伽羅のように醤油味を主体に濃い色に煮上げたもの。

ぎょでん　魚田
田楽の一種で、魚に田楽味噌をぬって焼いたもの。

きらず　雪花菜
関西方面での「おから」の呼び名。

くらま　鞍馬
サンショウの産地、京都・鞍馬にちなみ、実ザンショウを使った料理。

くわやき　鍬焼
肉や野菜を醤油・味醂ベースのたれをからませて焼き上げたもの。鍬の上で調理したことが起源といわれる。

けんちん　献珍・巻繊
卓袱料理を起源とする、豆腐を主材料にして、ニンジン、ゴボウ、シイタケなどの野菜を炒めたもの。

こうしゅう　甲州
甲州 (山梨県) がブドウの産地であることから、ブドウ酒やブドウ汁を使った料理につけられる名称。

こぐし　小串
小さく切った切り身に、短めの串を打つこと。

こしをぬく　腰を抜く
卵白をさらしなどで漉し、なめらかにすること。

こぶぶた　昆布蓋
落し蓋替わりにもどした昆布で蓋をすること。木製の蓋よりも柔らかくて煮崩れしにくく、昆布の旨みがつく。

サ

さらさ　更紗
更紗織りの布のように、多彩な彩りの料理につける名称。

しもふり　霜降り
材料の表面が白くなる程度に湯をかけたり、湯にくぐらせたりすること。

じやき　地焼
材料に調味料をつけずに焼くこと。下焼き。

じょうみ　上身
魚などの中骨や小骨、腹骨を除き、刺身やその他の料理にすぐ使用できるように下ごしらえされた正身のこと。

しらむし　白蒸し
モチ米に塩や酒などで薄く味をつけ、色がつかないように蒸し上げたもの。

すずめつつみ　雀包み
寒さで羽毛を立てたふくら雀の姿のように、中具を素材で包むこと。

タ

たたききのめ　叩木ノ芽
包丁で刃叩きして粗くきざみ、香りを引き出したサンショウの若芽のこと。

たてじお　立て塩
海水ぐらいの濃さ(3% 程度) の塩水のこと。この中に材料を漬けて塩味をつけることを目的とする。

たまざけ　玉酒
水と酒を同量ずつ合わせたもの。渋谷利喜太郎の命名で、玉酒の「玉」は、東

が寂しいことから、「うらさびしい松風の音」としゃれて、その名がある。

もとじお　素塩
うま味調味料と精製塩を混ぜ合わせたもの。

やわたまき　八幡巻
京都・八幡村に産するゴボウにちなみ、ゴボウを芯にしてウナギやアナゴなどを巻き、たれをかけて焼いたもの。

ゆうあん　柚庵
酒、味醂、ショウユを同割で合わせた漬け地のこと。ユズを加えることが多い。江戸時代の中期の茶人、北村祐庵の考案といわれる。

ゆしも　油霜
材料を熱した油にくぐらせて、霜降りの状態にすること。

よつほどき　四ツ解き
スッポンのおろし方の一つ。4本の足を中心におろすところから、その名がある。

ラ・ワ

りき　力
練った葛などの弾力のある状態。卵白の場合は「腰(こし)」とも言う。

りきゅう　利休
胡麻が好物だったと言われる千利休にちなみ、胡麻を使った料理に用いられる名称。

ろうやき　蠟焼・呂焼
卵黄を塗って焼き上げる焼き物のこと。焦がさないで蠟を引いたように焼き上げる。

使った料理に用いられる名称。

にどづけ　二度漬け
浸し物などを作る際に漬け地が薄まったらそれを捨て(仮漬け)、あらためて新しい地に漬け直すこと（本漬け）。

にまいなべ　二枚鍋
外側の鍋に湯を入れ、材料を入れた内側の鍋を浮かすように入れて、加熱すること。湯煎。

ぬきいた　抜き板
足付きの長方形の板で、塩をあてた素材や料理を仮置きする際などに使う道具。

ハ

ぱいれっしゅ　パイレッシュ
浅めの金属バット。パイディッシュからきた呼び名と思われる。

はくせんあげ　白仙揚
葛や片栗粉などのでんぷんの衣で白く揚げたもの。

はぶたえ　羽二重
絹の羽二重から名づけられたもので、柔らかい肌ざわり、またはきめ細かいなめらかなものの名称。

びんろうかけ　びんろうかけ
とろみづけしたたれをかけるなどして、艶よく仕上げた料理。

ふくさ　袱紗
袱紗のような正方形の薄い素材で包むこと。

マ・ヤ

まつかぜやき　松風焼
ケシの実を散らした焼物。にぎやかな表面に対して裏

京の多摩川からきていると言われる。

たんさんえん　炭酸塩
重曹（炭酸）と塩を合わせたもの。水に溶かすと「炭酸塩水」となる。

ちゃせん　茶筅
抹茶をたてる時に使う茶せんのように、野菜に縦に細かく切り目を入れること。

つきがせ　月ヶ瀬
梅の名所、奈良・月ヶ瀬にちなみ、梅干しを使った料理。

つぼぬき　つぼ抜き
魚の頭を落とさずにエラから内臓を抜くこと。

てらす　照らす
包丁を傾けて素材を斜めに切り出すこと。

でんぽうやき　伝宝焼
素焼きの器に具を入れて焼く料理。青森の郷土料理ではホタテ貝を用いる。

とうじ　東寺
ユバを用いた料理に使われる名称。

とろび　文火
弱火よりもさらに弱い火で加熱すること。武火（強火）に対して文火と書く。

ナ

なしわり　梨割り
魚の頭やエビ類を、包丁で左右対称に切り分けること。

なんぜんじ　南禅寺
豆腐料理が有名な京都・南禅寺にちなみ、豆腐を使った料理のこと。

なんぶ　南部
胡麻の産地だった東北の南部地方にちなみ、胡麻を

●著者紹介

森本泰宏《もりもとやすひろ》

有馬古泉閣　和食統括総料理長

1972年和歌山県新宮市生まれ。高校卒業後、料理人であった父の影響を受け、18歳より京都の「美濃吉」に入り修業を始める。大阪、神戸で料理長として勤務し、「有馬古泉閣」に2007年入社し、中西彬先生に師事する。2009年より古泉閣三代目料理長となり、現在に至る。（一社）兵庫県調理師会会長、古式四条流庖丁道高弟。

2018年4月30日初版発行
2022年4月30日2版発行

焼物・あしらい便利帳

著者© 森本泰宏
発行者 丸山兼一
発行所 株式会社柴田書店
〒113-8477 東京都文京区湯島3-26-9 イヤサカビル
電話 営業部 03-5816-8282（注文・問合せ）
書籍編集部 03-5816-8260
URL https://www.shibatashoten.co.jp
印刷・製本 シナノ書籍印刷株式会社

ISBN978-4-388-06279-9
Printed in Japan